AF326362

LE DERNIER COURRIER

Drame en 8 Tableaux

De MM. L. BINDEL et F. MIQUELON

LE MANS

IMPRIMERIE CH. BLANCHET, 6, RUE GAMBETTA

1905

Prix : 2 Francs

INSTITUT DENTAIRE

33, Rue Gambetta, 33

—— LE MANS

E. Stibbe

Chirurgien-Dentiste de la Faculté de Médecine
de Paris

Consultations tous les Jours de 9 heures à 6 heures

Eau de Source Pasteurisée
" ÉTOILE "

Gazéifiée à l'Acide Carbonique liquide pur

SE VEND EN

Bouteilles à fermeture porcelaine articulée (modèle déposé)

ET EN

Siphons hygiéniques canalisés en verre (supprimant tout contact du liquide avec le métal)

Prix : **0ᶠ15** Bouteille ou Siphon - La Caisse de 12 : **1ᶠ50**

Maurice DUPRÉ
23, Rue Gougeard, 23 — LE MANS

CYCLES PISSOT

CONSTRUCTEUR

LE MANS — 14, *Rue de la Barillerie*, 14 — LE MANS

Comme les grandes marques, les *Cycles* **PISSOT** possèdent leur livre d'or. Tous les premiers Prix cyclistes ont été remportés, dans la Région, par **MARREAU**, le coureur attaché à la Maison, sur Bicyclette extra-piste construite de toutes pièces dans les Ateliers de la **Rue de la Barillerie.**

M. PISSOT s'est en outre assuré, pour la Saison 1905, la représentation des Cycles Georges **RICHARD** et des célèbres Machines Américaines

CLEVELAND

Les Catalogues seront envoyés franco sur demande

DÉPOT GÉNÉRAL des Machines à coudre

(PRIX SPÉCIAUX) « HURTU »

Maison CRÉMIEUX

TAILLEUR

LE MANS

COMPLET sur Mesure, depuis . . . **30** fr.

PANTALON — — . . . **9** fr.

Escompte **5** % *à tout Achat*

Louis BINDEL
Rédacteur au *Nouvelliste*
de la Sarthe

Félix MIQUELON
Rédacteur à *la Sarthe*
Correspondant du *Moniteur des Théâtres*

LE DERNIER COURRIER

Épisode de la Guerre Russo-Japonaise

Drame à Grand Spectacle en 8 Tableaux

Créé au Grand Théâtre du Mans. Saison d'Hiver 1904-05, Direction A. VIGUIER, ;; ; Régisseur, GASSER,
et au Grand Théâtre de Caen, Saison d'Hiver 1904-05, Direction L.-D. BRUN; Régisseur, SALLÈS

DISTRIBUTION :

	AU MANS	A CAEN
Solange Durosier	Mⁿᵉ SCHENEL.	Mⁿᵉ DELILLE.
Mˢᵉ Bourdin	BERLAN.	DE GENET.
Marise	G. DENET.	DE GRANVILLE.
Étiennette	LÉON.	Anna ROBERT.
Vanika	MARCELLE.	HERVIEUX.
Yvan Loubanoff	MM. Jean Coste (de l'*Ambigu*).	MM. REY.
Le Docteur Latringlotte	BERLAN.	THULAU.
Durosier	G. ROCHE.	HANLET.
Martial Cassegoul	Emm. LÉON.	MICHEL.
Dubourg	GASSER.	PUGENC.
Berkoff	DAVID.	PRÉVOST.
Gassoulet	STÉRYENOU.	SALLÈS.
Un Officier Japonais		
Le Dormeur	JANNY.	LEDUC.
Chakého		
François	BRUNET.	MORIN.
Le Général Stœssel		
Popoff	Paul ALBERT.	MONGE.
Rossignol		
Dimitri	CAPILONE.	TAPIE.
Un Aide de Camp		
Grégorew	LUCAS.	MORIN.
Un Chef Kounghouse	MONSIEZ.	
Un Voyageur	ABEL.	
Un Officier d'ordonnance		WATELET.

Aides de Camp, Estafettes, 1ᵉʳ Matelot, 2ᵉ Matelot, Paysans, Paysannes, Soldats Russes et Japonais, Kounghouses.

LE DERNIER COURRIER

Épisode de la Guerre Russo-Japonaise

PREMIER TABLEAU

L'Ukase Impérial

DEUXIÈME TABLEAU

Le Bureau des Transatlantiques au Havre

TROISIÈME TABLEAU

Les Fossés de Liao-yang — La Mine

QUATRIÈME TABLEAU

La Mort de la Sentinelle Russe — Les Machinations de Dubourg

CINQUIÈME TABLEAU

Le Faux Chinois — Russes et Japonais (Décor nouveau)

SIXIÈME TABLEAU

L'Isba Mandchourienne

SEPTIÈME TABLEAU

Les Redoutes de Port-Arthur

HUITIÈME TABLEAU

Le Camp de Kouropatkine — Le Dernier Courrier

LE DERNIER COURRIER

Épisode de la Guerre Russo-Japonaise

PREMIER TABLEAU

L'Ukase Impérial

La scène — à Paris — représente un cabinet de travail. Désordre complet sur la table côté gauche de la scène. Papiers, livres, ferronneries, etc. Au fond, bibliothèque. Sur une table, appareil téléphonique.

SCÈNE PREMIÈRE

JEAN DUROSIER (seul)

Jean Durosier, assis dans un fauteuil de cuir, est penché sur sa table, il tient d'une main une forte loupe qui lui sert à examiner une vieille médaille.

C'est étonnant, très étonnant. (il se penche sur la pièce) C'est même excessivement étonnant. (Redressant son buste et approchant de son œil droit la médaille qu'il serra entre le pouce et l'index) Je soumettrai certainement le cas à mes collègues de l'Académie des Inscriptions... Voilà, en effet, une médaille romaine portant, — cela crève les yeux ! — l'effigie de Caligula et le millésime du règne de Septime-Sévère... Comment cela peut-il se faire, je me le demande ! (il dépose la pièce sur la table) Ah ! la numismatique a ses problèmes... C'est comme la vie. (il se lève et arpente lentement son cabinet) Oui, c'est comme la vie, et les problèmes de celle-ci ne sont pas plus faciles à résoudre que les problèmes de celle-là... Ainsi...

(À ce moment retentit la sonnerie de l'appareil téléphonique. Durosier y court en disant) Qui peut bien me déranger au téléphone, si tard ?... 7 h. 1/2 du soir. Il faut vraiment avoir le diable au corps... le diable de l'importunité... (il décroche les récepteurs et se met en communication) Allô ! Allô ! oui... c'est moi Jean Durosier... À qui ai-je l'honneur ?... Allô ! allô !... Ah ! c'est vous Latringlotte ?... hein ? Vous avez une affaire pressante à me communiquer ?... Bon, venez si ça vous fait plaisir, je vous attends dans mon cabinet... Allô allô !... oui, c'est cela à tout à l'heure, Latringlotte. (Durosier raccroche les récepteurs et reprend sa marche.) Cet excellent maniaque de Latringlotte ! Ah ! il s'en soucie peu, lui, des problèmes de l'existence ; il ne vit que pour ses microbes, il ne pense qu'à ses microbes, il ne travaille que pour ses microbes (ressentiment il ne mourra que par ses microbes ! (Durosier retourne à la table et se remet à considérer fixement la médaille.) Problème !... Septime-Sévère ou Caligula !... (il fait un geste brusque) Bah ! j'en ai un autre problème, plus grave à pourvoir d'une solution... Dois-je accorder la main de ma petite Solange, de ma fille... (on frappe à la porte) Entrez !...

SCÈNE II

DUROSIER, ÉTIENNETTE, LATRINGLOTTE

ÉTIENNETTE (entrant)

Le docteur Latringlotte !... (elle sort)

(Latringlotte entre en coup de vent. Dans son pardessus sont emmagasinées une pléiade de fioles plus ou moins hérméciées. Il va vers la table où vient de se casser Jean Durosier)

LATRINGLOTTE

Je l'ai ! Je l'ai !

DUROSIER (abasourdi)

Quelle entrée, mon bon Latringlotte ! Mais qu'as-tu donc ?

LATRINGLOTTE (avec force)

Je l'ai ! Je l'ai ! te dis-je !

DUROSIER

Quoi ?

LATRINGLOTTE

Mais voyons, Durosier, celui que je cherche depuis six mois, celui pour lequel ont blanchi mes cheveux, celui sur lequel mes nuits se sont passées ardentes et passionnées, enfin, le fameux intestino-vorax-uniqueo-propulsator !... C'est ainsi que j'ai baptisé le microbe de la mauvaise digestion. (Avec véhémence. Tiens ! Tiens ! Tiens ! (il sort des flacons et les pose successivement sur la table, devant M. Durosier effaré) Les voici, ces flacons... Dans leurs flancs se trouve la régénération méthodique et raisonnée du ventre humain !

DUROSIER (goguenard)

Je t'en prie, Latringlotte... ne t'emballe pas ainsi...

LATRINGLOTTE

Merci ! tu as raison... Et à propos, as-tu des nouvelles de la guerre ?

DUROSIER

Ma foi, celles que tu as pu lire comme moi dans les feuilles d'aujourd'hui... mais, tu sais, nous n'allons pas recommencer nos discussions habituelles...

LATRINGLOTTE

Évidemment.

DUROSIER

Rien de bien saillant, les Russes semblent reprendre l'offensive, mais les Japonais n'ont pas l'air disposés à vouloir perdre un pouce de terrain... Du reste, mon opinion est faite, le géant moscovite finira par étouffer les efforts de son adversaire.

LATRINGLOTTE

Eh ! eh ! tu en parles à ton aise, D'après toi, russophile enragé, l'issue du conflit n'est pas douteuse, mais, là, qui ne connaît l'avenir, mon cher ami, et les prévisions humaines se trouvent quelquefois déçues.

DUROSIER

Peut-être, Latringlotte ! Mais on peut juger de l'avenir par le passé. Port-Arthur toujours debout ! N'est-il pas un magnifique exemple de courage, de dévouement et d'abnégation ! Des sièges glorieux ont illustré notre histoire : à nous ! Calais, Lille, Sarragosse, Belfort, Huningue, Paris nous ont accumulé un trésor d'immortels souvenirs... Port-Arthur les a dépassés... Port-Arthur confond toute raison dans cette lutte de Titans, chaque soldat est un demi-dieu, et chaque citoyen a le cœur d'un soldat. Les femmes elles-mêmes sont sublimes; un souffle de grandeur inconnue, insoupçonnée, passe au-dessus des courages. Les martyrs du patriotisme font revivre les vertus du stoïcisme antique. Vainqueurs ou vaincus, Stœssel et ses sublimes compagnons n'en auront pas moins prouvé le caractère de fer des soldats russes. Ils peuvent périr, mais ils seront impérissables!

LATRINGLOTTE

Je ne l'ignore pas, Durosier, mais la bravoure des uns n'exclut pas celle des autres. Tu en as la preuve tous les jours.

DUROSIER

C'est vrai. Je ne conteste pas, moi non plus, aux Japonais, un merveilleux courage; il est de toute évidence que leur offensive fut foudroyante, leur endurance incroyable, et leur furie dans l'attaque digne des fameux hussards de Chamboran, mais leurs sacrifices, vois-tu, seront inutiles; le flot japonais pourra déferler contre le rocher russe, il finira toujours par se briser contre lui.

SCÈNE III

JEAN DUROSIER, LATRINGLOTTE, SOLANGE DUROSIER

(La porte s'ouvre, Solange Durosier entre et s'approche de son père)

SOLANGE

En vérité, papa, vous faisiez un tel bruit que j'ai cru que vous vous querelliez (les regardant tour à tour). Vous paraissez surexcités!

DUROSIER

Il s'agissait bien de querelle ma chère enfant, mais rassure-toi, ni cet excellent Latringlotte, ni moi, n'étions en cause.

SOLANGE

J'en suis ravie. Il serait dur de rompre avec cette vieille amitié...

LATRINGLOTTE

Ma petite Solange, nous ne faisons que rompre des lances courtoises.

DUROSIER

Oui ma fille, mais je te l'avoue, mon entretien avec Latringlotte n'est pas terminé, il me reste à lui parler d'un sujet grave, très grave...

SOLANGE (souriant)

Oh! s'il s'agit d'un sujet très grave, mon père, je vous laisse (elle embrasse son père et se retirant. En aparté). Comme tous les jours, sans doute, ils vont batailler ensemble à cause de cette terrible guerre (Elle sort)

SCÈNE IV

DUROSIER, LATRINGLOTTE

LATRINGLOTTE (s'approchant de Durosier)

Un sujet grave! Ah! Je comprends, Durosier, tu désires de plus amples explications sur mon microbe (... Empressé) Je suis prêt à t'en donner!

DUROSIER

Il s'agit bien de ton microbe, mon cher savant! La question n'est pas du même ordre et intéresse beaucoup plus mon cœur de père que la science...

LATRINGLOTTE

Diable! Tu m'inquiètes, parle vite!

DUROSIER (lui faisant signe de s'asseoir)

Voici la chose tout simplement... Tu n'es pas sans savoir que j'ai fiancé Solange?

LATRINGLOTTE

Oui, avec Yvan Loubanoff; tu ne pouvais d'ailleurs faire un meilleur choix.

DUROSIER

Assurément. Tu sais aussi que j'avais évincé notre voisin, M. Dubourg, qui, du reste, me paraît avoir, maintenant, renoncé à tout projet matrimonial, en ce qui concerne ma fille. Depuis la fin de non-recevoir, avec laquelle il a été accueilli il y a cinq mois, il n'est pas revenu sur ce projet, et c'est ce que, Solange et moi, nous désirions tous deux.

LATRINGLOTTE

Tous trois plutôt... Le personnage en effet...

DUROSIER

Il est riche pourtant.

LATRINGLOTTE

Fortune bien problématique... et gagnée, Dieu sait comment...! Les allures de cet homme sont bien suspectes!... Il sent l'aventurier

DUROSIER

C'est une odeur que nous n'aimons pas chez nous; toutefois, si je lui ai refusé Solange, je n'ai pas eu le courage de lui refuser ma porte. Il vient toujours ici, comme par le passé!... Il entre... il sort... En somme, il ne nous fait que de courtes visites de politesse... Je l'avouerai qu'il m'est, comme à toi, très peu sympathique, alors que Yvan Loubanoff...

LATRINGLOTTE

Oui... Je n'ignore pas que ce jeune Russe, venu il y a un an à Paris, en voyage d'études, a suivi tes cours assidûment. Gagné par l'esprit et le charme de cet aimable étranger, tu lui as adouci son volontaire exil, en lui donnant dans ta maison une place d'ami. Tu as bien fait de lui promettre celle d'un fils.

DUROSIER

Cette promesse, il s'agit aujourd'hui de la ratifier. J'ai hâte de contenter ces enfants qui s'aiment, et je dois, ce soir même, les fixer sur la date de leur mariage... Voilà quel était mon sujet grave.

LATRINGLOTTE (souriant)

Tu m'avais fait peur, et je ne vois pas en quoi ce sujet pouvait avoir un caractère de gravité... Un peu plus tôt, un peu plus tard, il fallait bien que tu les unisses.

DUROSIER

Eh bien, pour te donner raison, j'aime mieux plus tôt que plus tard.

(Au moment où Latringlotte et Durosier achevaient la fin de leur dialogue, Yvan et Solange sont entrés, mais, ne dépassant pas le seuil de l'appartement, sont restés inaperçus. Lorsque Durosier a fini de parler, Yvan et Solange se précipitent vers lui.)

SCÈNE V

LES MÊMES, PLUS SOLANGE ET YVAN

SOLANGE

Oh ! comme c'est gentil, papa !...

DUROSIER

Tu as donc entendu notre conversation, petite coquine ?...
Et Yvan aussi, je parie ?

YVAN

Ma foi oui, Maître, nous avons été indiscrets sans le
vouloir.

SOLANGE

Et nous ne pouvons pas la regretter, cette indiscrétion,
puisqu'elle nous a permis de constater que tu veux avancer
notre bonheur.

LATRINGLOTTE (à Solange)

Tu seras bientôt Madame Louhanoff.

DUBOURG (courant et s'inclinant d'un ton goualleur)

Mes compliments.

LATRINGLOTTE

Tiens, Monsieur Dubourg... Les miens aussi.

DUBOURG (à part)

Les noces ne sont pas encore faites, (il sort un journal de sa
poche et le tend d'un air sardonique à Durosier qui le prend) Hum ! Voici
des nouvelles qui vous intéresseront tous !

(Latringlotte et Durosier parcourent la gazette. Pendant ce temps,
Dubourg, qui s'est approché de la table, semble examiner curieusement la
médaille. Yvan et Solange causent à l'écart)

YVAN

Cette seule soirée me donne plus de joie que n'en con-
tiennent ensemble mes jours passés.

SOLANGE (toujours)

Alors, vous êtes heureux, Yvan !

YVAN

Si je suis heureux, vous osez me le demander Solange.
Mais je voudrais avoir mille bouches pour le crier éperdue-
ment, comme je voudrais avoir mille cœurs pour pouvoir
vous chérir mille fois plus... s'il m'était possible de vous
aimer davantage. Depuis que je suis en France, depuis que
je vous connais, j'ai senti chaque jour grandir en moi cet
amour ardent et respectueux, et ma suprême joie aujour-
d'hui, Solange, ma future femme, c'est de songer que rien
désormais ne pourra nous séparer.

DUROSIER (faisant un geste de douloureuse surprise)

Ah !

LATRINGLOTTE

Hein ! que lis-tu ?

DUBOURG (à part)

Nous allons rire !

(Yvan et Solange se précipitent.)

DUROSIER

Un ukase impérial... Tenez, Yvan (il lui tend le journal), Voici
qui vous concerne spécialement, lisez vous-même ; pour
ma part, je n'en ai pas le courage ! (Yvan s'empare du journal et
le parcourt)

SOLANGE

Mon Dieu !

YVAN (lisant)

« En vertu d'un ukase impérial promulgué hier, les
jeunes Russes, nés de familles nobles et vivant à l'étranger,
sont invités à rejoindre, dans le plus bref délai, le corps
d'armée de Mandchourie, en qualité de cadets aux armées »
(Avec simplement, mais avec tristesse) Je pars demain !

SOLANGE (allant à Yvan)

Yvan ! mon fiancé !

DUROSIER

Est-ce possible !... Mes pauvres enfants !

DUBOURG (élevant sarcastiquement la médaille)

Voilà en vérité une curieuse pièce.

LATRINGLOTTE

Mais ce départ ne peut-il se remettre ?... Est-il nécessaire
de...

SOLANGE

Oh ! oui ! Yvan, vous ne partirez pas !... Vous n'allez pas
courir à cette boucherie, vous ne le pouvez plus maintenant !...

YVAN

(la prenant toutes aux bras, d'une voix profonde) Mon adorée !!!
Je serais indigne de vous, si je n'accomplissais tout mon
devoir... Ma patrie, la Russie, m'appelle pour la défendre,
Mon bras lui appartient. (Résolu) Et demain !... Ma Solange
chérie, je partirai ! (Se trappant la poitrine) Je vous jure que
mon cœur vous restera toujours !

DUBOURG (qui, pendant toute cette scène, s'est tenu à l'écart)

Si son cœur lui reste, moi je ne reste pas, je n'aime pas
les scènes de famille ! (Il sort en pestant)

(Solange étendue dans un fauteuil, pleure silencieusement. Yvan s'approche de Latringlotte et de Jean Durosier d'une voix rapide, en leur
serrant les mains)

YVAN

Je vous en supplie, consolez-la...mon père...mon ami...
Et maintenant adieu...je ne reviendrai pas avant mon
départ... J'aurais peur de faiblir et d'être lâche. (Il va vers
Solange, et d'un ton qu'il s'efforce de faire paraître gai) Allons, ma
Solange aimée, séchez vos larmes.

SOLANGE (se levant)

Je ne pleure plus, voyez (elle pleure), mais nous vous rever-
rons demain, encore... oh !... je vous en conjure !...

YVAN

Oui, demain...

DUROSIER

C'est cela... mais ce soir, Yvan, vous pouvez donner à ma
fille le plus tendre des baisers de fiancé.

YVAN (sort)

Oh! mon père... merci. (Il embrasse Solange. Adieu... (A Solange) A demain... (Un aparté, songeur.) Demain... (Il sort.)

SCÈNE VI

DUROSIER, LATRINGLOTTE, SOLANGE

(Solange, qui s'est assise dans un fauteuil, est plongée dans une intense réflexion, les yeux fixés dans le vague.)

LATRINGLOTTE

Guerre maudite !... J'en oublie mon intestino-vorax-uniquus propulsator, là, sur la table. (Il reprend les fioles et les met dans ses poches.)

DUROSIER (regardant sa fille)

Pauvre petite!

SCÈNE VII

LES MÊMES, PLUS Mme BOURDIN ET ÉTIENNETTE

(La porte s'ouvre, Étiennette paraît.)

ÉTIENNETTE (annonçant)

Madame Bourdin !

(Entre Mme Bourdin qui se dirige vers Solange et l'embrasse.)

Mme BOURDIN

Bonsoir, chérie...(voyant le reste) Durosier? Bonsoir, monsieur Durosier. (A Latringlotte qui s'est dirigé vers elle et lui baise la main) Bonsoir, ami!... Mais qu'est-ce que je viens d'apprendre?... M. Dubourg, que j'ai rencontré il y a quelques minutes, vient de m'annoncer le rappel d'Yvan Loubanoff en Russie. Comme il était très gai en me racontant cela, je n'ai pas cru un traître mot de ce qu'il me disait.

LATRINGLOTTE

Hé! hé! Il n'y a pas de traîtres que les mots.

DUROSIER

Vous avez eu tort de ne pas croire M. Dubourg ; la nouvelle est exacte. Un ukase impérial... Et Solange, quand nous avons connu cet ukase, venait d'être promise d'une façon officielle à Yvan Loubanoff.

Mme BOURDIN (courant à Solange)

Oh ! ma pauvre chérie.

SOLANGE (se levant)

(Comme si elle se parlait à elle-même) Mon Yvan ne s'en ira pas seul... Je le suivrai...

DUROSIER (bondissant)

Que dis-tu là ! suivre Yvan !

LATRINGLOTTE (à part)

Elle a toujours eu un caractère aventureux. (Haut.) Le trouble de son cœur aurait-il influé sur sa raison ?

Mme BOURDIN (joignant les mains)

Oh!

SOLANGE (décidée)

Je le suivrai !...

DUROSIER

Mais...

SOLANGE (essuyant ses yeux)

Je le suivrai... D'autres femmes risquent bien leur vie, dans la Mandchourie sanglante, pour ceux qui vont y mourir... Je soignerai mon fiancé, s'il est blessé ; s'il meurt — oh ! ce serait affreux — je lui fermerai les yeux...

LATRINGLOTTE (en aparté)

Ma foi, après tout...

DUROSIER

Ma fille...

SOLANGE

Il veut n'être pas indigne de moi... moi je veux être digne de lui... je le suivrai, c'est mon plus cher désir.

DUROSIER

Mais, mon enfant, tu sais que l'état de notre fortune ne nous permet pas un pareil voyage.

SOLANGE (laissant tomber ses bras, découragée)

Mon Dieu !...

LATRINGLOTTE

Durosier! Solange est une vaillante fille... Son cœur l'appelle là-bas. Eh bien... je suis assez riche pour tous. Nous l'accompagnerons.

Mme BOURDIN (à Latringlotte)

Et ceux qui resteront?...

LATRINGLOTTE

Oh ! Marthe, de loin comme de près, vous savez que votre vieux soupirant... Et à mon retour.

SCÈNE VIII

LES MÊMES, PLUS MARTIAL CASSEGOUT

MARTIAL

(Entrant en criant, gesticulant, essoufflé. Il culbute à son arrivée quelques objets et s'arrête devant Latringlotte en remuant spasmodiquement les bras, ouvrant et fermant spasmodiquement la bouche, sans pouvoir tout d'abord articuler un seul mot. Il secoue aussi ses vêtements avec une sorte de rage.)

DUROSIER

Qu'est-ce qu'il y a?...

Mme BOURDIN

Le pauvre domestique serait-il devenu fou?...

LATRINGLOTTE

Qu'as-tu, essence d'aliéné? (se tournant vers ses auditeurs) Mon valet de chambre, Martial Cassegout ! Un phénomène. (S'adressant à Martial) Finiras-tu par accoucher de ta communication, ostrogot!

MARTIAL (d'une voix étranglée)

Un grand malheur, monsieur Latringlotte... Un grand...

LATRINGLOTTE (le secouant)

Mais parle donc!...

MARTIAL

Ah! si Monsieur savait... En rangeant les flacons de Monsieur, j'ai cassé celui... des microbes du sommeil. Il y en a plein la maison... Hou, j'en ai encore sur moi... Pourvu qu'il ne me prenne pas l'envie de dormir éternellement! (Il claque des dents.)

LATRISGLOTTE

Oh! le bourreau, l'assassin! le propagateur d'épidémies!

DUROSIER *(comique)*

Ne lui fais pas peur, je t'en prie.

LATRISGLOTTE

Si tu ne veux être occis sur place, rentre sur l'heure chez moi et prépare ma malle et la tienne. Nous partons tous... nous allons en Mandchourie.

MARTIAL *(les suivant toujours)*

En Manguechourie!... oh mes pareils!... Nous sommes foutus!...

(Rideau)

DEUXIÈME TABLEAU

Le Bureau des Transatlantiques

La scène représente le bureau des transatlantiques au Havre. On aperçoit, au lever du rideau, trois employés; deux semblent occupés à une comptabilité quelconque, derrière leurs guichets respectifs; le troisième, dans un angle du bureau, tourne frénétiquement une sauce au fond d'un bol.

SCÈNE I

LES TROIS EMPLOYÉS

FRANÇOIS

Eh bien, mon vieux, je crois qu'elle est perdue ta journée de hocks!...

LE DORMEUR *(se dressant et regardant vers l'opérateur)*

Ah! ah! ah! Il n'y a pas de doute, elle est bien perdue... Mon pauvre Gassoulet, tu as beau tourner ton aïoli, ton aïoli m'a l'air de tourner mal et ton part prend une mauvaise tournure!

GASSOULET

Quand je parie de faire un aïoli... c'est que je sais faire un aïoli... *(il tourne toujours).*

FRANÇOIS

Possible!... En attendant, tu manœuvres depuis vingt minutes.

GASSOULET

Oui, mais je suis perpétuellement dérangé! Et il me semble, aujourd'hui, que les voyageurs sont plus nombreux que d'habitude, dans cet infernal bureau des messageries. Chaque fois que ce diable d'aïoli est sur le point de monter, c'est un client qui me descend sur le dos, et moi ça me démonte..... Ah bon!

LE DORMEUR

Quoi?

GASSOULET

Je crois que ça y est... la sauce durcit!

FRANÇOIS

Pschutt!... Voilà quelqu'un!

GASSOULET *(cachant vivement le bol derrière des registres, et s'emparant d'un livre qu'il fait mine de compulser)*

Ah! zut!... Il est dit que nous n'en mangerons pas!

Un voyageur entre pendant que Gassoulet se livre à son jeu de scène; il s'approche du guichet de François.

LE VOYAGEUR

C'est bien aujourd'hui que part le Nivernais?

FRANÇOIS

Oui Monsieur... Pour tous les détails, voyez dans le hall, c'est affiché.

LE VOYAGEUR *(sortant)*

Je vous remercie, Monsieur!

GASSOULET *(se remettant à son opération)*

Quand je vous le disais! Il est vraiment impossible de mener à bien mon travail culinaire. Et si je perds mon part, Messieurs, vous aurez le regret de ne pas goûter de cette bonne cuisine marseillaise dont vous vous seriez léché les doigts... Pourtant, je ne suis pas encore découragé. *Il continue de tourner.*

LE DORMEUR

Oh, tu sais, nous, ce qu'on t'en dit, tu peux tourner jusqu'à la fin de tes jours.

FRANÇOIS

Comme un cheval de cirque!

LE DORMEUR

Comme un manège de cochons!

FRANÇOIS *(éclatant de rire)*

Ah bien, t'en as de la veine, voilà encore un empêcheur de tourner en rond...

LE DORMEUR

Pschutt!... si je poussais un roupillon!...

GASSOULET

Alors, j'y renonce! *(Il cache son bol de nouveau.)* Je m'avoue vaincu... Vous pouvez aller faire servir les canettes promises. En vous attendant, je garderai le bureau et nous en serons quittes au déjeuner pour demander une vulgaire mayonnaise à notre hôtelière.

LE DORMEUR

Tu t'avoues vaincu, alors je remets mon somme à plus tard. Viens-tu, François!... *(à Gassoulet)* Nous t'attendons, mais moi, vois-tu, si j'avais possédé un nom comme le tien, j'aurai plutôt essayé de fricoter un Cassoulet de Toulouse.

Le dormeur et François sortent en riant. Gassoulet s'occupe à ranger son matériel de cuisine, lorsque Dubourg entre.

SCÈNE II

DUBOURG ET GASSOULET

Dubourg, une valise à la main, regarde de tous côtés.

DUBOURG *(à part)*

Diable, diable! j'ai failli être vu... Un peu plus cette inévitable Mme Bourdie, qui accompagne ici les Durosier, se flanquait dans mes jambes, et voilà qui n'aurait pas fait mon affaire... Je tiens à ce que mon départ soit tenu secret jusqu'au dernier moment. Ah! ils s'en vont en Mandchourie; ils ont été assez fous pour entreprendre un pareil voyage.

Ils ne savent pas ce qui les attend. Vous m'avez refusé la main de votre fille, monsieur Durosier, mais triomphera bien qui triomphera le dernier... Vous ne la tenez pas encore, Yvan!... *(Il tire sa montre.)* Il est 10 heures! et dans 38 minutes le même bateau nous emportent tous... Je crois du moins que le départ est à 10 h. 40. *(S'adressant à Gassoulet qui s'est remis tranquillement à tourner sa sauce.)* Le départ du *Nivernais?* 10 heures 40?...

GASSOULET

Parfaitement... Et pour les autres détails, voyez dans le hall, c'est affiché!

(Dubourg sort.)

GASSOULET

Décidément, ma sauce est ratée, archiratée, et si je pouvais aller boire mon déshonneur. *(À ce moment Martial entre tout essoufflé.)* Allons bon, encore du monde!...

SCÈNE III

MARTIAL, DUROSIER, Mme BOURDIN, ETIENNETTE ET SOLANGE

MARTIAL

Ouf! par ici! par ici. *(S'adressant à l'employé.)* Pardon, monsieur l'employé, est-ce qu'il y aurait inconvénient, sauf votre respect, à vous demander si c'est là qu'il faut faire viser les billets pour le *Nivernais.*

GASSOULET

Parfaitement. Vous êtes ici dans le bureau même des transatlantiques, à cinquante mètres de l'embarquement. Et, du reste *(ouvrant une fenêtre qui donne sur une vue marine)*, vous voyez d'ici les cheminées du paquebot.

MARTIAL

Merci bien, monsieur l'employé. *(Appelant du côté de la porte.)* Par ici, mais entrez donc! *(Entrée de Durosier, Solange, Mme Bourdin et Etiennette.)*

DUROSIER

Eh bien, Mesdames, reposez-vous un instant, pendant que je m'occupe des billets et des formalités nécessaires. *(Il se dirige vers l'employé et entame avec lui un colloque à voix basse.)*

Mme BOURDIN

Une petite halte ne peut que réserver vos forces, Solange. Moi qui ne ne suis pas du voyage, je suis déjà fatiguée, et du reste, vous avez encore le temps. *(Elles s'assoient.)*

SOLANGE

J'ai hâte de rejoindre mon fiancé, et je crois que Martial est encore plus pressé que nous pour partir.

MARTIAL

Plus pressé! Vous en parlez bien à votre aise. Puis-je faire autrement puisque M. Latringlotte s'en va.

SOLANGE *(se tournant vers son père qui a fini avec l'employé)*

Mais, à propos, Papa, je ne vois pas M. Latringlotte?

DUROSIER

En effet, aussi je conseillerai à Martial d'aller voir, s'il ne l'aperçoit pas sur les quais.

MARTIAL

C'est qu'il faut bien que je m'en inquiète un peu, je vais au-devant de lui. *(Martial sort.)*

Mme BOURDIN

Je suis tout étonnée de ne pas voir M. Latringlotte, car il devait être ici avant nous.

DUROSIER *(inquiet)*

Lui serait-il arrivé quelque chose?

SOLANGE *(ennuyée)*

En tous cas, c'est lui qui n'arrive pas...

MARTIAL *(rentrant soudain)*

Mesdames... Monsieur. C'est trop fort... En vérité, si je ne savais pas M. Dubourg à Paris, je croirais que c'est lui qui vient là... Oh! mais, quelle ressemblance...

SOLANGE

C'est impossible.

DUROSIER

En voilà une idée...

MARTIAL

Vous allez bien voir...

Mme BOURDIN

Martial doit se tromper... M. Dubourg!... *(Elle n'achève pas, car Dubourg arrive, sans sa valise.)*

SCÈNE IV

DUBOURG

(À part, avec un geste de surprise.) Je suis vu trop tôt. *(Aux dames.)* Lui-même, Mesdames... *(à Durosier interloqué)* mes civilités, monsieur Durosier... mes hommages...

DUROSIER

Vous ici et par quel hasard?... Et dans ce costume...

SOLANGE *(inquiète)*

Vous voyagez donc?...

DUBOURG

(À ses partenaires.) Mes chers amis, — puisque je puis vous appeler par ce nom, — après notre dernière entrevue à Paris, j'ai appris votre départ subit pour la Mandchourie. En oisif, n'ayant rien qui me retienne en France, j'ai pensé vous faire une agréable surprise en me présentant à vous comme compagnon.

DUROSIER *(à part, ironique)*

Agréable surprise!...

DUBOURG *(continuant)*

Devant l'intrépidité que vous montrez à vouloir affronter cette périlleuse aventure, j'ai senti, moi aussi, l'ardent désir de me joindre à vous pour explorer des contrées sur les quelles tous les regards sont fixés en ce moment. Mᵐᵉ Solange et vous, monsieur Durosier, me permettrez-vous d'être des vôtres ?...

DUROSIER (peu convaincu)

Il serait difficile de repousser votre offre, seulement je dois vous avertir que notre bon ami Latringlotte nous accompagne...

Mᵐᵉ BOURDIN

Justement nous l'attendons...

DUROSIER (avec une grimace de mécontentement)

C'est parfait... un fidèle ami de plus, alors... (à Mᵐᵉ Bourdin) Et Mᵐᵉ Bourdin est sans doute aussi du voyage !

Mᵐᵉ BOURDIN (lui tournant le dos)

Non... l'amitié ne me fait pas, comme à vous, prendre des décisions héroïques !

DUROSIER (vexé)

Trop aimable vraiment (il lit ses tablettes). Hô, hô, plus qu'un quart d'heure... Je cours, car je vais procéder à mes dernières emplettes... Vous permettez... (il sort).

SOLANGE

Cet homme me porte sur les nerfs...

MARTIAL

Pour un sale oiseau, c'est un sale oiseau !

SCÈNE V

DUROSIER, SOLANGE, Mᵐᵉ BOURDIN, MARTIAL, ETIENNETTE, LATRINGLOTTE

(Le docteur Latringlotte entre, il est emmitouflé dans un cache-nez et couvert de fourrures. Une casquette de poils ne lui laisse de visible que le bout du nez. Il tient sous son bras un gros paquet.)

LATRINGLOTTE

Nom d'un bouillon de culture !... un peu plus et je manquais le coche... Sacrée administration, va !... (Il dépose, avec précaution, son paquet sur le tapis.)

Mᵐᵉ BOURDIN

Vous avez eu affaire à l'administration, mon ami !

TOUS LES AUTRES

Vous avez eu affaire à l'administration ?

LATRINGLOTTE

Oui, un chèque que j'avais à toucher au Crédit Impondérable... C'était, ma foi, à se rendre chez le photographe...

DUROSIER (surpris)

Chez le photographe !

LATRINGLOTTE

Oui, j'ai posé pendant deux heures... Seulement, les animaux d'employés — qu'ils me pardonnent l'expression — au lieu de me tirer un portrait, me tiraient en ridicule...

SOLANGE (inquiète)

Sans doute, votre abondance de pelleteries les hypnotisait !

Mᵐᵉ BOURDIN (affectueuse)

Pourvu que cela ne vous étouffe pas...

LATRINGLOTTE (sentencieux)

Mes amis, quand on part pour un si lointain voyage on ne saurait jamais trop se prémunir contre le froid.

MARTIAL (les apercevant)

Ça chauffe pourtant assez, là-bas...

DUROSIER

Allons ! je crois qu'il est temps de gagner le paquebot...

MARTIAL (narquois)

Et des rhumatismes !

LATRINGLOTTE

Oui, mes amis, excellente raison pour prendre ses précautions (prenant le paquet qu'il avait eu quelques instants avant et le tendant à Martial). Tiens, toi, porte vite ça dans ma cabine. (au novice) Ce sont des microbes très curieux que j'ai là, et que j'emmène pour plus amples études... celui de l'éternuement... celui de la danse de Saint-Guy... celui de... (Martial, qui a pris le paquet et le tient du bout des doigts, fait un saut d'épouvante à chaque partie de l'énumération. Il sort en proie à un véritable effroi.)

DUROSIER (s'avançant vers Latringlotte)

À propos, Latringlotte, je ne sais comment te dire cela, mais nous avons avec nous un voyageur sur lequel nous ne comptions pas.

SOLANGE

Oh ! certes non.

Mᵐᵉ BOURDIN ET ETIENNETTE

Vous allez l'étonner.

LATRINGLOTTE

Que de mystères. De qui s'agit-il ?

DUROSIER (retardant sa phrase)

Tout bonnement de cet excellent M. Dubourg...

LATRINGLOTTE (suffoquant)

C'est une mauvaise plaisanterie.

SOLANGE

Des plus mauvaises, si vous voulez, mais papa vous a dit l'exacte vérité ; M. Dubourg a jugé opportun de nous importuner de son exécrable présence.

Mᵐᵉ BOURDIN

Il vous impose sa société.

LATRINGLOTTE

Voilà une imposition directe qui va nous sembler bien lourde (à part). Si je croyais aux présages, je dirais que ce soit là de fâcheux débuts à notre expédition...

DUROSIER

Allons, il est temps. Venez-vous ? (Latringlotte arrange ses fourrures.)

SOLANGE

On te suit, papa !

Mᵐᵉ BOURDIN (embrassant Solange)

Mon enfant, ma chérie... ô que Dieu vous protège tous !

SOLANGE

Il nous protégera. Pour Yvan et pour moi, l'amour sera notre étoile.

Mᵐᵉ BOURDIN

Mes plus chers vœux vous accompagnent.

LATRINGLOTTE (à part)

C'est vraiment un désastre cette présence de Dubourg.

mais que diable vient-il faire avec nous ! Ce gaillard-là m'a tout l'air de mijoter quelques projets.....

(Durosier et Solange sortent. Mme Bourdin se dirige vers le docteur.)

SCÈNE VI

LATRINGLOTTE, Mme BOURDIN PUIS ÉTIENNETTE

Mme BOURDIN

Eh bien ! mon pauvre ami, il faut donc que je vous fasse aussi mes adieux !...

LATRINGLOTTE

Hélas !... *(Avec expansion)* Marthe, rien ne me faisait présager un pareil départ ; vous êtes mon seul regret. Vous avez déjà compris que je vous aimais, mais nous ne serons pas séparés pour toujours, et si vous étiez bonne vous me donneriez un talisman.

Mme BOURDIN

Lequel ?

LATRINGLOTTE

Une promesse pour mon retour.

Mme BOURDIN *(tendant ses mains)*

Je vous la donne.

(Latringlotte baise les mains de Mme Bourdin.)

ÉTIENNETTE *(arrivant en courant)*

M. Latringlotte ! M. Latringlotte ! On m'envoie vers vous. Le paquebot lève l'ancre ; on vous attend, il vous reste à peine quelques minutes.

(A cet instant arrivent les deux employés sortis précédemment.)

LE DORMEUR

Le Nivernais va décamper.

CASSOULET

Tiens, c'est vrai, et mon service !... *(Il saisit une cloche qu'il agite désespérément avant de sortir.)*

LATRINGLOTTE

Diable, il ne faudrait pas que mes amis s'en aillent sans moi. Allons, en route, en route. Venez-vous, madame Bourdin ? *(Sortie bruyante. Latringlotte heurte divers meubles et des chaises)* Vous me faites tout oublier. *(Mme Bourdin se précipite à la suite de Latringlotte.)*

(Rideau)

TROISIÈME TABLEAU

Les Fossés de Liao-Yang — La Mine

Un camp de soldats russes. Deux sentinelles arpentent le devant de la scène. Au deuxième plan, Yvan, enveloppé dans une couverture, sommeille. D'autres soldats dorment. De temps à autre, on entend le bruit du canon. Un tronc d'arbre est placé sur un des côtés de la scène ; au dernier plan, une petite cabane couverte de neige.

SCÈNE I

DEUX SENTINELLES : POPOFF ET DIMITRI

POPOFF

Eh bien, Dimitri, tu ne dis rien ce matin. Encore une nuit qui s'achève, heureusement pour nous... Le froid ne sévit pas trop et mon avis, c'est que nous avons — si Dieu le veut, — encore de bonnes journées en perspective.

DIMITRI *(bourru)*

Je ne dis rien, ce matin ; je dors encore, et tu sais, comme moi, que nos instants de sommeil sont bien courts. Toujours debouts,... la guerre, cette terrible guerre, ne tire pas à sa fin.

POPOFF *(ironique)*

Eh ! j'ai peur qu'elle dure encore longtemps !

DIMITRI

Les compagnons sont endormis... Notre jeune chef, *(il montre Yvan)* lui-même, dort profondément... Le pauvre garçon,... il n'est pas encore au bout de ses peines !

POPOFF

Je ne sais ce que l'avenir nous réserve, à nous, pauvres soldats, martyrs que nous sommes des lois aveugles de la guerre !... Mais le lieutenant Yvan, qui nous commande depuis bientôt deux mois, m'a tout l'air — tout en se conduisant comme un brave, bien entendu — de regretter certain pays et les amours d'une charmante jeune fille, dont il a placé le portrait sur son cœur, portrait qu'il regarde souvent, très souvent, pendant nos courts repos.

DIMITRI *(sentencieux)*

Popoff, entre nous deux soit dit, ce qu'il y a de sûr, c'est que le lieutenant Yvan a vu, hier, cette jeune fille, sa fiancée, qui est venue le rejoindre ici, avec quelques personnes dont j'ignore la qualité. Ces personnes ont été logées là-bas, tu vois *(il montre la cabane)*, au milieu de notre camp, dans cette petite isba isolée et déserte, de la steppe mandchourienne.

POPOFF

Pas possible... Mais, prenons garde ! le lieutenant se réveille... Les camarades commencent à secouer leurs membres engourdis par la fraîcheur des nuits... Reprenons nos places.

(Les deux soldats se remettent à arpenter le fond de la scène. Les hommes du campement et Yvan se lèvent. Celui-ci s'avance.)

SCÈNE II

YVAN, PUIS LE LIEUTENANT BERKOFF

YVAN *(seul)*

Allons! il ne s'agit pas de perdre notre temps,... les ordres du général Rennenk sont formels. Dès l'aurore, lever le camp et s'avancer davantage vers l'ouest. La bataille est imminente, les forces japonaises tendent à se déployer en éventail en face de Liao-Yang. Il ne faut pas rester isolés ici, car dans quelques heures la place serait intenable. *(Changeant de ton)* J'ai embrassé Solange hier; j'ai revu son père, son excellent ami M. Latringlotte et cet inénarrable domestique qui a toujours peur ! Martial Cassegout ! Quel drôle de nom ainsi porté par un tel personnage. Solange et son père m'ont rejoint ici, sous Liao-Yang. C'était fou, je crois, en un pareil moment. M. Durosier a pu facilement faire reconnaître son titre de docteur et M. Latringlotte, qui est un savant connu, a été autorisé à suivre les opérations pour examiner certains microbes dont il affirme l'existence sur le corps des soldats japonais... Le béri-béri décime nos adversaires: les deux excellents Français étudieront ensemble cette terrible maladie.

BERKOFF *(entrant)*

Mon lieutenant, d'après ce que vous m'avez dit hier, je crois que nous ferons bien de nous avancer...

YVAN

C'est parfait. Berkoff, nous partirons dans quelques instants.

BERKOFF *(sortant en saluant)*

Je vais veiller à vos ordres, mon lieutenant.

SCÈNE III

YVAN PUIS BERKOFF

YVAN *(seul)*

Que Dieu nous protège. Qu'il nous donne le courage et la force de braver les dangers de ces batailles. La récompense saura nous atteindre, si nos armes sont enfin victorieuses.

BERKOFF *(revenant)*

Mon lieutenant, il y a là un Chinois qui insiste pour voir le chef du détachement. Il déclare avoir une communication très importante à vous faire.

YVAN

Au diable cet homme!... Enfin, faites-le venir et qu'on le surveille attentivement. On ne saurait trop se méfier!

SCÈNE IV

(Deux soldats russes amènent Dubourg déguisé en Chinois. Il se dirige vers Yvan, qui a pris un portrait sur sa poitrine et le regarde. Au bout de quelques secondes, Dubourg prend la parole)

DUBOURG

Pardon, monsieur l'officier, deux fois pardon, mais je viens vous fournir quelques renseignements qui vous seront utiles, j'en ai l'assurance.

YVAN *(levant la tête et mettant le portrait dans sa poche)*

Ah! tu as des renseignements?

DUBOURG

Oui! mais, vous savez, monsieur l'officier, en bon Chinois, je ne vous les donnerai que si vous me les payez.

YVAN

On te les paiera! seulement, gare à toi s'ils sont faux, tu aurais à regretter de m'avoir trompé... Explique vite, je n'ai pas le loisir de t'écouter longtemps.

DUBOURG

Mon officier, je n'ai rien à craindre... Trop heureux d'être utile aux armes russes, en me faisant payer les dangers que je cours, bien entendu.

YVAN

Très bien. Voici ce que tu désires. *(Il lui remet de l'argent)* Hâte-toi maintenant, et sois bref.

DUBOURG *(à part, méchamment)*

Si j'osais!... Mais je ne suis pas assez seul! *(haut)* Vous n'ignorez pas, lieutenant, que détaché comme vous l'êtes du gros des forces russes vous courez les plus grands dangers. D'un moment à l'autre, les Japonais vont se trouver sur votre dos. Ils sont tout près à l'heure actuelle, bien près peut-être... Comme vous le voyez, votre position est critique.

YVAN

Eh bien!

DUBOURG

Avec les personnes qui vous accompagnent, vous risquez la mort. Le danger est imminent... Une femme au milieu de vous tous; *(insistant)* car vous avez avec vous une femme !... que vous aimez, je crois?

YVAN *(sursautant)*

Qui t'a dit?... Et surtout que t'importe!... Où veux-tu donc en venir?

DUBOURG *(humblé)*

Oh! que votre Excellence me pardonne... J'ai bien vu, de suite, que vous aimiez cette personne, et c'est pour vous sauver *(avec un mauvais regard)*, surtout tous les deux, que j'ai traversé les lignes japonaises. Je viens vous prévenir qu'un grand danger vous menace... Vous êtes cernés, et vous n'échapperez pas, si...

YVAN

Que dis-tu là, misérable! Cernés! Crois-tu par hasard que les soldats russes ne sauraient pas se faire tuer jusqu'au dernier plutôt que de se rendre?... Allons donc!

DUBOURG

Allons donc! allons donc! Vos paroles sont belles, monsieur l'officier, mais que diriez-vous, si je vous indiquais un passage ignoré, par où vous pourriez exécuter une savante retraite?

YVAN

Je dirais que tu as servi la grande patrie russe en lui évitant des pertes inutiles.... Voilà tout.

DUBOURG

Eh bien, ce passage, je puis vous le montrer... à l'instant même... êtes-vous décidé à me suivre?

YVAN

Allons! *(appelant deux soldats)* Holà, deux hommes, venez et surveillez étroitement ce Chinois.

DUBOURG *(gouailleur)*

Le lieutenant m'honore de sa confiance !... *(ils sortent)*

SCÈNE V

(Martial Casségoal arrive lentement. Il tient dans ses mains quelques cartes postales qu'il examine curieusement).

MARTIAL

Par les cornes de la Béelzebuth, comme disait feu mon oncle, je ne sais plus à quel saint me vouer !... Si, encore, je tenais ceux d'Étiennette... Ah la mâtine, quelle roublarde, et surtout, ce qu'elle sait les faire filer mes roubles!... On ne devinerait jamais ce qu'elle m'a fait promettre avant de partir. Éternelle fidélité, pensera-t-on? Non. Lui rapporter un petit chien chinois! Non. Étiennette, perle de mes rêves, m'a fait jurer de lui envoyer toutes les semaines *(soulignant ses mots)* toutes les semaines, une demi-douzaine de cartes postales illustrées. Avec ça qu'il est facile de s'en procurer des cartes postales illustrées... Elle s'est figuré qu'on en trouvait ici comme dans notre beau pays. J'ai pu m'en procurer quatre seulement... achetées au poids de la monnaie, dans ce lieu sanglant, et savez-vous ce que j'y déchiffre, sur ces cartes? « Raoul Flopet, éditeur, 16, rue de la Folie-Méricourt, Paris ». *(riant)* Ah! ah! La farce est bien bonne, et si je m'attendais à trouver ici des produits de Paris !... Bonne Etiennette pourtant, que tu me donnes de tintouin ! Oh les femmes, les femmes, avec leurs maîtres !... Il est vrai que nous autres hommes aussi !... Si j'écrivais ces cartes auprès de cet arbre, je trouverais bien ensuite le moyen de les mettre à la poste quelque part. (Il s'assied près de l'arbre et tire de sa poche un encrier portant et une plume.) Bigre ! me restera-t-il encore assez d'encre ! Mais non, sacrebleu, elle est gelée. Ah ! c'est qu'on n'est pas au coin du feu ici, et si l'encre se permet de geler, mes pieds se payent souvent le luxe d'en faire autant, aussi, soyez bien certain que je ne fais pas grand usage des chaussettes russes... Les bons bas de laine que j'ai emportés avant mon départ... Enfin, essayons tout de même d'écrire. (Il se penche sur des cartes qu'il a tirées de sa poche.)

SCÈNE VI

MARTIAL, DUROSIER, LATRINGLOTTE

LATRINGLOTTE

Martial ! Martial !... Mais où est-il donc ce peureux ? Encore fané dans quelque coin, sans doute. Ah ! le flibustier, nous n'en ferons jamais rien, et je commence à regretter de l'avoir emmené.

DUROSIER

Mon ami, ne tempête pas ainsi après ce bon Martial : certes, ce n'est pas le courage même, mais c'est le dévouement personnifié... Tu sais combien il t'est attaché... Tiens, le voilà !... Il nous a fort bien entendus, mais il est trop occupé pour nous répondre... Martial !

MARTIAL (se levant en empochant ses cartes et son écritoire)
Messieurs, à votre service ! Vous me cherchez ?

LATRINGLOTTE

Triple essence de bergamote concentrée, tu oses demander si nous te cherchons. Mais, nous ne faisons que cela. Qu'est devenue ma valise grise ?

MARTIAL

Celle aux microbes ?... Vous en avez donc besoin ?

DUROSIER

La valise aux microbes ?... Mon cher Latringlotte, en un pareil moment, il est bien temps de songer à tes bactéries... Nous sommes cernés, paraît-il. Les Japonais approchent progressivement et l'on vient de m'affirmer qu'il faudra probablement en découdre. Je ne comprends pas que tu t'inquiètes ainsi de ta valise.

LATRINGLOTTE

Durosier, vous parlez comme un bouquin... Mais sachez que j'ai bien le droit de m'occuper de ce qui m'appartient et de veiller sur mes pensionnaires scientifiques...

MARTIAL ET DUROSIER (ensemble)
Évidemment.

SCÈNE VII

DUROSIER, LATRINGLOTTE, MARTIAL, SOLANGE, PUIS YVAN ET DUBOURG

SOLANGE (entrant)
La valise est dans la voiture-cantine, vous pourrez la prendre quand vous la désirerez... J'ai prié qu'on veille attentivement sur elle...

DUROSIER

Es-tu content, là ?

LATRINGLOTTE

Assurément ! et je vais me permettre d'aller lui faire une petite visite. Venez-vous ? (Arrivent Yvan et Dubourg qui se tient à l'écart en regardant autour de lui.) Tiens, vous voici de retour !...

YVAN

Oui, nous avons exploré le défilé ; il ne faut pas rester davantage ici.

DUROSIER

C'est ce que je disais justement à ce bon Latringlotte.

SOLANGE

Il y va de nos existences, Yvan !... Nous ne vous quitterons pas une seconde ; et je serai vaillante, quoi qu'il arrive... Tout est-il désespéré ?

YVAN

Pas précisément, mais ce Chinois (il montre Dubourg qui s'approche en fuyant les regards jusqu'ici sur lui), m'a donné des renseignements précieux et je vais exécuter de suite les ordres de retraite que j'ai reçus de mes chefs.

DUROSIER (envisageant Dubourg à part)
Je ne puis m'expliquer ce qui se passe d'étrange en moi, mais, instinctivement, je me défie de cet homme.

YVAN

Que tout le monde soit prêt dans un instant — Chère Solange, toujours intrépide ; vous aurez, soyez-en certaine, de bons défenseurs en tous ceux qui vous aiment et en moi qui vous adore toujours.

SOLANGE (se précipitant vers Yvan)
Oh, Yvan ! comme vous me dites cela, et comme je saurai partager votre amour, lorsque nous serons enfin quittes envers la patrie et heureux à jamais.

DUBOURG (qui s'est encore éloigné)
Ah ! je saurai bien vous séparer, et ce ne sera pas long, je l'espère.

DUROSIER

Mes enfants et vous, Latringlotte, aux derniers préparatifs, et que Dieu nous donne le bien de sortir indemnes de cette épreuve.

LATRINGLOTTE

Venez-vous, Yvan ? Venez, Solange, et toi, surtout, (s'adressant à Martial qui, pendant toute cette scène, observait curieusement le Chinois) tâche de ne pas rester en arrière.

MARTIAL

Oh, oh ! monsieur Latringlotte, il n'y a pas de danger. (Ils sortent, sauf Dubourg.)

SCÈNE VIII

DUBOURG seul, puis deux Chinois

Et maintenant, à l'ouvrage !... Je suis là... Quant à vous, l'officier, qui voulez m'enlever celle qui aurait pu m'aimer à votre place..., il n'achève pas et montre le poing... Ah ! vous avez conquis le cœur de cette fille que j'adore, que j'adore jusqu'à la haine et qui m'entraîne à la folie.... Ah ! jalousie atroce ! Vous vous repentirez tous deux, et dussé-je vous voir périr tous deux, je jure bien ici que, moi vivant, vous ne serez jamais l'un à l'autre ! (Il se baisse et pousse un long ! houp !) plaintif. Deux Chinois apparaissent et s'approchent avec précaution de Dubourg.)

DUBOURG (sèchement)

Vous voici ! Où est la boîte ?

(L'un des Chinois montre une grosse boîte noire dissimulée sous ses vêtements)

DUBOURG

Rien... la poudre... il s'agit de faire vite.

(Les deux Chinois se dirigent vers la coulisse et disparaissent. Dubourg resté seul regarde un instant dans le lointain, puis revient)

DUBOURG

L'œuvre de mort se prépare. S'il en échappe un seul, je veux périr moi-même... Dans un instant, mes ennemis seront dans le défilé ; ils ne se doutent pas de la terrible embûche placée sur leur chemin ; ils y resteront jusqu'au dernier.

(Les deux Chinois reviennent et s'inclinent.)

DUBOURG

Allez ! (Il leur jette une bourse) et merci ! (Dubourg se met à genoux) À genoux ! Ayons l'air de prier... Certes, je regretterai la mort étrange de ce pauvre Durosier et de ses deux compagnons... Mais bast, tant pis pour eux. Ils n'avaient pas besoin de venir se fourrer dans cette aventure... les voici.

SCÈNE IX

DUROSIER, YVAN, SOLANGE, LATRINGLOTTE, MARTIAL ET QUELQUES SOLDATS RUSSES EN ARMES

(On entend un coup de feu)

YVAN

Tiens, le Chinois que nous avions oublié... Il est en prières, ma foi.

MARTIAL

Le diable l'emporte, en un pareil instant ! Se figure-t-il que nous avons besoin de ses litanies à Bouddha !

LATRINGLOTTE

J'ai bien envie de lui faire avaler un de mes microbes.

YVAN

Mes amis, laissons cet homme ; ce n'est qu'un misérable espion, prêt à servir ceux qui le paient le mieux (On entend le crépitement de la fusillade. Regardent au loin). Mes sentinelles avancées se replient. À notre tour... Nous allons rejoindre le gros des forces du général Rennenk. Que le ciel nous ait en sa garde... En avant, au défilé !

DUROSIER

Allons, mes enfants, du courage et nous nous en tirerons.

TOUS

Au défilé ! (Ils sortent. On entend la fusillade qui redouble)

SCÈNE X

DUBOURG (qui s'était blotti dans un coin se relève rapidement)

Oh, ma vengeance ! Puisses-tu tous les anéantir ! Puisse ma haine vous poursuivre toujours si le destin vous est favorable... Mais non, cela ne se peut ! Pas un n'échappera... Je vous hais, je vous hais... Il faut que vous mourriez, et vous mourrez tous, oui, tous, tous !... Ah ! je suis un vil espion ! Ah ! vous m'avez repoussé, Solange ! Malheur à vous que j'exècre, vous qui avez fait fi de mon amitié, malheur à vous, Yvan... Vous périrez tous, tous, tous !... (On entend une violente explosion. Avec une rage inouïe) Ah ! pourrai-je contempler vos cadavres. (Il se précipite.)

(Rideau)

QUATRIÈME TABLEAU

La Mort de la Sentinelle Russe

On entend un bruit de canonnade. Les clameurs arrivent amoindries. La scène représente une clairière ravinée.

SCÈNE PREMIÈRE

MARTIAL CASSEGOUL (seul)

Un petit fagot est à ses pieds. Il a les yeux tournés vers le fond, à gauche.

Quel pays désagréable !... Pas seulement moyen d'y trouver l'ombre d'une carte postale illustrée, et on s'y tue que c'en est une épouvantation... Deux grands jours que la bataille continue... C'est encore heureux qu'on soit assez loin, ici, du front de combat... Sans ça, pour sûr, il y aurait danger de faire dévisser son billard.

UNE VOIX (dans l'éloignement)

Eh Martial, eh Martial ! On attend.

MARTIAL (répondant)

Tout de suite, monsieur Latringlotte, tout de suite. Je n'ai pas encore fini mon fagot. (En aparté) Il est fini, mais je peux tout de même bien reposer un peu l'enfant de ma mère. (Il s'assied sur son fagot). Ils ont encore du combustible à l'ambulance, après tout... Et puis, en voilà une idée de m'envoyer à la chasse au bois de chauffage.

SCÈNE II

MARTIAL DUBOURG

On entend un bruit de pas et, du côté opposé à celui d'où est venue la voix du docteur Latringlotte, débouche Dubourg. Il est vêtu à la russe. Sans être entendu de Martial il arrive à ses côtés et lui met sa main sur l'épaule.

MARTIAL (faisant un bond, effrayé)

Hé ho ! Hola !... Tiens c'est vous, monsieur Dubourg, vous m'avez fait une fière peur, savez-vous !... Un peu plus, et mes sangs se changeaient en eau de javelle... Mais, par quel hasard vous voit-on ici aujourd'hui ?... Depuis le temps que vous aviez disparu, on vous croyait mort, ma parole... Je vous ai presque pris pour un spectre... Brrr.

DUBOURG (haussant les épaules)

Allons, calme-toi et ramasse tes esprits !

MARTIAL (se baissant et prenant son fagot)

Permettez que je ramasse aussi mon fagot... Monsieur Latringlotte m'a déjà hélé... Excusez-moi, mais il faut que je porte des triques là-bas, (Il montre la gauche) à l'ambulance, (Il sort en courant)

SCÈNE III

DUBOURG (seul).

Ils ont installé tout près une petite ambulance afin d'y soigner les blessures faites, il y a deux jours, par ma mine. L'enfer n'a pas voulu que mon plan réussisse... Quelques soldats russes seulement ont péri et Yvan Loubanoff, lui que je hais toujours davantage et dont je voudrais écraser le cœur sous ma botte, a échappé ainsi que les siens... par miracle... Malédiction !

(Pendant que Dubourg soliloque ainsi, des ambulanciers et des soldats blessés traversent le fond de la scène, allant de droite à gauche. Clameurs lointaines de temps en temps.)

DUBOURG (après avoir écouté un instant)

On se bat partout avec furie ! On s'égorge superbement. Quelle copieuse récolte va faire la Camarde. Mais que je meure moi-même, comme un chien, si le fiancé de Solange n'est pas compris, avant huit jours, dans cette moisson rouge de la mort ! *(Durosier et Latringlotte entrent par la gauche).*

SCÈNE IV

DUBOURG, DUROSIER, LATRINGLOTTE

DUROSIER

Martial nous a plongés, à l'instant, dans une véritable surprise en nous annonçant votre présence ici...

LATRINGLOTTE

Voilà bientôt trois semaines que vous nous aviez quittés et nous vous croyions tombé sous quelque balle japonaise...

DUBOURG

Grâce au dieu Hasard, je ne suis tombé que dans une embuscade, kongkhouse, mais j'ai pu m'échapper comme vous le voyez, ce qui me permet, mes chers amis, de goûter la joie de vous revoir.

DUROSIER

Nous aussi, n'en doutez pas !...

LATRINGLOTTE (à part)

Moi, au fond, je préopine que le contraire m'eût peut-être été plus agréable. *(haut)* Permettez que je vous quitte, un chirurgien se doit à la chirurgie et la besogne ne me manque pas. *(Il sort par la gauche).*

DUBOURG

Martial m'a dit que vous aviez là une ambulance ?

DUROSIER

Oui, et ce n'est pas du luxe, je vous assure. Elle était nécessaire au suprême degré... Un guet-apens a été tendu, avant-hier au détachement que commandait Yvan Loubanoff, et vingt-deux hommes ont été tués ou blessés à dix pas d'ici. Un misérable Chinois, tout dévoué sans doute aux Japonais, l'avait préparé.

DUBOURG (résumant)

Un Chinois !... Ah ! quelle horrible race. Nous le retrouverons, Durosier...

DUROSIER

Hélas !... La Mandchourie est bien grande.

SCÈNE V

DUROSIER, DUBOURG, MARTIAL

MARTIAL (survenant)

Monsieur Durosier, on a besoin de vous à l'ambulance. Il vient d'arriver de nouvelles recrues.

DUROSIER (surpris)

Des recrues ?

MARTIAL

Oui, de nouvelles victimes.

DUBOURG

Alors, je vous suis ! J'ai besoin de me dévouer. *(Comme pour chasser un essaim)* Un besoin extraordinaire. *(Les deux hommes sortent, reste Martial).*

SCÈNE VI

MARTIAL

(Seul, s'asseyant sur une pierre)

Moi, je reste, il faut que je monte la garde... Ce n'est certes pas le moyen de satisfaire Etiennette... je n'ai pas une minute à moi pour collectionner dans ce patelin. Il faudra donc en fin finale lui faire du dessin sur du carton... Et encore, en trouverai-je, du carton ?.. Il paraît qu'on attend le capitaine Yvan d'un moment à l'autre, car il a été nommé capitaine, le lieutenant, et ma foi, il ne l'a pas volé, après le courage, l'énergie et l'initiative qu'il a montrés lors de notre retraite sur Liao-Yang, au défilé maudit où nous faillîmes périr tous... *(Regardant avec inquiétude autour de lui)* Pourvu au moins, que le satané Chinois ne me dégringole pas sur le dos... On a beau être brave, — car je suis brave, — on a tout de même crainte de se faire oblitérer la carcasse. *(Regardant à droite)* Ah ! je crois bien que voilà M. Loubanoff, ils sont même plusieurs.

SCÈNE VII

MARTIAL, YVAN, LE LIEUTENANT BERKOFF ET QUELQUES SOLDATS

(Yvan a le bras gauche en écharpe)

MARTIAL (s'avançant vers les nouveaux venus)

Mon capitaine !

YVAN

Ah ! c'est toi Martial. Eh bien ?

MARTIAL

On m'a prié de rester là pour monter la garde ; il n'y a personne à l'ambulance qui puisse servir de sentinelle, pour le moment.

YVAN

C'est parfait, mon brave garçon.

MARTIAL

Puisque vous voilà, moi je me sauve ! *(Martial sort).*

SCÈNE VIII

YVAN, LE LIEUTENANT BERKOFF, LES SOLDATS

YVAN

Voici les ombres de la nuit qui s'épaississent et la bataille se poursuit, sans merci, monstrueuse...

BERKOFF

Oui, le canon redouble même... Les schrapnells éclatent avec plus d'intensité que jamais.

YVAN

Déjà vingt-cinq mille morts au moins !

BERKOFF

Et les blessés, capitaine...

YVAN

La guerre turque, en comparaison de celle-ci, ne fut qu'un jeu... A trois verstes, un ravin est littéralement envahi par le sang. On dirait un lac rouge, un lac où les veines japonaises se sont déversées tout autant que les nôtres... Mais le cœur de la Russie peut encore en fournir des flots. S'il le faut, nous noierons, sous ce torrent pourpre, les hordes jaunes... *(changeant de ton)* Lieutenant Berkoff, vous n'avez pas oublié le pli du général Linévitch ?

BERKOFF

Non, capitaine.

YVAN

Vous avez doublé les grand-gardes à l'entrée du col que nous surveillons ?

BERKOFF

Oui, capitaine.

YVAN

La reconnaissance, envoyée aux alentours, n'a pas fait retrouver les traces de ce Chinois ?

BERKOFF

Introuvable.

(Deux blessés passent avec des brancardiers.)

YVAN *(après réflexion, pensif)*

On a signalé, dans les environs, une bande de Koun-ghouses, n'est-ce pas ?

BERKOFF

Quinze à vingt.

YVAN

Bien. *(à un soldat)* Grégorew, tu resteras ici jusqu'à notre retour... Si tu vois quelque chose d'anormal, tire. *(ils saluent d'Iaelue. Berkoff et Yvan sortent.)*

SCÈNE IX

LE SOLDAT GRÉGOREW, PUIS DUBOURG

Brr ! Quel fusil de loup ! On se croirait à Tobolsk, en pleine Sibérie. *(Il tire sa pipe et l'allume)* Par les saintes icônes, je crois bien ne plus revoir jamais, ma douce promise, Martinka. *(fredonnant de la tête)* Avec la gelée et les balles, j'en ai bien des chances... Bah ! buvons quand même à la santé de notre père, le Tsar. *(il boit après avoir pris la gourde dans sa ...)* Voilà une gourde bien petite, plus qu'une pauvre goutte. *(il continue sa marche)* Allons, si je vois là une de ces laides figures de Kounghouses, pan, je tire... Il s'agit d'ouvrir ses deux bons yeux. *(Dubourg entre. Il n'aperçoit pas tout d'abord la sentinelle qui est allée s'asseoir dans le fond.)*

DUBOURG *(levant la tête)*

En vérité, Satan est avec moi ! Je finirai par avoir raison de lui, Yvan Laghanoff. Ah ! tu peux fier l'amour parfait avec ta fiancée, la mort est bien prête d'assouvir ma haine. Les Kounghouses n'attendent qu'un signal, et Solange est à moi... *(il aperçoit la sentinelle)* Une sentinelle ! Il ne faut pas qu'elle reste ici, elle donnerait l'éveil. Alors... *(s'approchant à pas de loup derrière la sentinelle, je supprime, il lui plonge un poignard dans le dos)*

GRÉGOREW *(tombant en arrière)*

Ah !

DUBOURG *(poussant le cadavre)*

Va monter la garde dans l'autre monde !... *(revenant sur le devant de la scène)* Dans un instant, les ténèbres me permettront de parachever mon œuvre... La nuit sera complètement tombée... J'aurai le temps de faire face aux derniers préparatifs... Allons endosser notre anonyme costume de Chinois, mais n'oublions pas *(il retourne le cadavre de la sentinelle)* de remettre en naturelle posture le corps de ce soldat. De cette façon, le mort pourra continuer sa surveillance... jusqu'à tout à l'heure. *(tendant vigoureusement le poing dans la direction de l'ambulance)* A tout à l'heure.

(Rideau)

CINQUIÈME TABLEAU
Russes et Japonais

Même décor qu'au tableau précédent. Il fait nuit. Le cadavre de la sentinelle est toujours, rigide, contre une aspérité du roc.

SCÈNE I

DUBOURG (seul)

(Dubourg, habillé en Chinois, apparaît par le côté droit. Il s'avance avec précautions. Il a une torche à la main et montre le cadavre.) Voici l'image de ce qu'ils seront dans un instant, de ce qu'il sera, lui surtout, ... si mon étoile, — et mon étoile c'est la haine — ne m'a pas trahi. *(tendant le bras vers l'ambulance)* Ils ne se doutent de rien... Ils ne savent pas !... La présence de ce cadavre *(il désigne le cadavre)* une preuve que personne n'est revenu ici... C'est le moment ! *(Dubourg gagne le fond droit de la scène en agitant sa torche de la main gauche et en faisant des gestes de la main droite)*

SCÈNE II

DUBOURG, PLUSIEURS KOUNGHOUSES

(Quelques Kounghouses de haute mine probablement, armés, arrivent successivement. Lorsqu'ils sont rangés en face de Dubourg, celui-ci s'adresse à leur chef.)

DUBOURG *(montrant l'ombre à gauche)*

C'est là !...

LE CHEF KOUNGHOUSE

Tout tuer ?...

DUBOURG

Tout, tous..., excepté la jeune fille... malheur si vous touchez à un seul de ses cheveux !

LE CHEF

L'argent...

DUBOURG

Ah ! oui ! l'argent. Le prix du sang. Voilà !... *(il sort de l'argent de sa poche et le donne au chef. Les autres Kounghouses attirent tout main à Dubourg, qui leur remet à chacun une somme convenue. Les Kounghouses, en file indienne, se dirigent vers la gauche, dans la direction de l'ambulance. Dubourg reste seul; il regarde, inquiet, du côté gauche, les deux mains en cornet sur ses oreilles.)*

SCÈNE III

DUBOURG, LATRINGLOTTE, MARTIAL,
YVAN, DUROSIER

DUBOURG

Yvan est seul avec Latringlotte et Durosier; Solange est une femme; elle ne peut opposer beaucoup de résistance; Martial non plus, lui qui craint jusqu'à son ombre. Les six Kounghouses et leurs compagnons en auront facilement raison. Cette fois-ci, je les tiens. (Dubourg prête une continuelle attention; on entend soudain des coups de feu, des cris et des glapissements. Peut-être ils ont réussi! (Un bruit de course et de lutte qui se rapproche. Trois Koung-houses font soudain irruption et disparaissent en criant)

Fuyons! Fuyons!

DUBOURG (effrayé)

Oh, rage! Je suis encore déçu... ne restons pas là. Ils arrivent! (Il veut fuir par la droite, et, au moment où arrivent Latringlotte, le lieutenant Berkoff, Martial, Yvan et Durosier, il heurte le cadavre de la sentinelle resté sur le seuil. Malheur, je suis perdu!... le mort se venge.

YVAN

Le Chinois!

LATRINGLOTTE, MARTIAL, BERKOFF
DUROSIER ET QUELQUES SOLDATS (ensemble)

Le Chinois!

YVAN

Emparez-vous de cet homme! (Deux soldats saisissant Dubourg qui s'était relevé et se préparait à fuir).

DUROSIER (à Yvan)

C'est lui qui nous a tendu l'embûche du défilé.

YVAN (regardant Dubourg)

En effet! Il me semble bien le reconnaître!

LATRINGLOTTE

Le misérable!

MARTIAL

Il faut qu'il lui en cuise, à ce magot! (À ce moment arrive un soldat russe qui ramène un prisonnier kounghouse)

LE SOLDAT

Lieutenant, j'ai réussi à capturer cette vermine qui fuyait à travers nos lignes... Je vous l'amène. (Le Kounghouse se place près de Dubourg)

DUBOURG (à part)

Je suis perdu... Me reconnaîtra-t-on!...

YVAN (s'adressant au Kounghouse)

Qui t'a conduit ici!

LE KOUNGHOUSE

Mon chef.

YVAN

Que venais-tu faire! (Le Kounghouse ne répond pas)

YVAN (tirant son revolver)

Réponds!

LE KOUNGHOUSE (d'une voix sourde)

Massacrer l'ambulance... Mais nous avions l'ordre de ne faire aucun mal à la jeune fille.

LATRINGLOTTE

Ces pirates sont vraiment galants!...

YVAN (montrant Dubourg)

Connais-tu cet homme?

LE KOUNGHOUSE

C'est lui qui nous commandait!

YVAN

C'est bien! Vous mourrez tous les deux! (S'adressant au bandit) Tu connais les lois de la guerre, tu sais comment on traite les tiens... Vous massacrez les nôtres... (À deux soldats) Qu'on l'emmène, et qu'on le fusille!

DUBOURG (à part)

C'est la fin... Si pourtant je me faisais reconnaître, (les deux soldats emmènent le Kounghouse. On entend deux détonations)

MARTIAL

Et d'un!

YVAN (au Chinois)

Quant à toi, ta mort sera celle des espions, celle des lâches; tu vas être pendu! (Les soldats s'apprêtent à ligoter Dubourg)... Qu'on l'exécute comme ses congénères... sa natte lui servira de corde! (Se tournant vers ses amis) Venez, (Aux soldats) Vous autres, vous me répondez de lui! (À ses amis) Dépêchons, voici que commence à tomber la neige. (La neige tombe. Tous sortent, sauf Dubourg et deux soldats)

MARTIAL (en sortant)

Saint Pierre plume ses oies... brrr! c'qu'il fait frisquet!

DUBOURG

La natte!... C'est peut-être le salut. (À peine a-t-il prononcé ces paroles qu'un bruit de fusillade crépite dans le lointain)

UN SOLDAT

Qu'est-ce cela?... La bataille se rapproche, hâtons-nous. (Les soldats et Dubourg se dirigent vers un arbre, ils fixent la natte sur une branche. Jeu de scène. Au moment où ils hissent Dubourg, la perruque de celui-ci se détache, il pousse un hurlement de joie et disparaît en criant)

DUBOURG

Sauvé! (Les soldats restent un instant ébahis)

TOUS DEUX

Un faux Chinois! (L'un d'eux tire un coup de fusil)

LE SECOND SOLDAT

Manqué! (À ce moment, la fusillade devient plus nourrie. Quelques clameurs se mêlent aux détonations. La neige redouble d'intensité)

UN SOLDAT RUSSE (traversant la scène)

Les Japonais! Les Japonais!

(On entend la voix de Solange)

SOLANGE

Yvan!... Mon père!...

SCÈNE IV

YVAN, SOLANGE, DUROSIER, LATRINGLOTTE, MARTIAL ET DES SOLDATS RUSSES font irruption, battant en retraite, face à l'ennemi. Tous les hommes font le coup de feu.

YVAN (à Solange)

En arrière! (La bataille continue. Des soldats japonais apparaissent) Feu! Feu! (Les personnages sont arrivés à l'autre extrémité de la scène)

DUROSIER

Derrière ces rochers!... Ne reculons plus d'un pouce!

MARTIAL *(épaulant et tirant)*

Pan ! dans l'œil. *(Il arme et retire avec frénésie)* Tiens ! C'est moi qui m'appelle Martial Cassegoul, et vous allez voir si je vais vous la casser !

YVAN

En avant ! *(Les Russes s'avancent à leur tour vers les Japonais qui reculent.)*

DUROSIER *(lâchant son arme et tombant)*

Ah !...

SOLANGE *(se jetant sur son père)*

Mon père !

LES RUSSES *(s'élançant à la baïonnette)*

Hourrah ! Hourrah !

LES JAPONAIS

Banzaï ! Banzaï !!!...

(Rideau)

SIXIÈME TABLEAU

L'Isba Mandchourienne

(Intérieur de maison mandchoue. Au lever du rideau, M. Durosier est assis à gauche, près d'une table. Il regarde attentivement une carte, quelques papiers, et semble plongé dans de profonds calculs. A droite, près de l'âtre, la vieille Maïtsé tricote.)

SCÈNE I

MAITSÉ, DUROSIER

MAITSÉ

Le brave Français, et quel bon cœur. Depuis qu'il est ici, arraché, pour ainsi dire miraculeusement, à la mort, il ne lui est pas arrivé une seule fois de se plaindre. Ne songeant jamais à lui, ne s'inquiétant, malgré les souffrances qu'il a endurées, que de ses enfants et de ses amis. Bouddha est tout puissant. Grâce à lui et par la vertu des herbes de nos montagnes, j'ai pu aider à la guérison de M. Durosier. Que j'en suis heureuse !

SCÈNE II

DUROSIER, MAITSÉ, JEUNES GENS ET JEUNES FILLES

(Quelques chants joyeux retentissent, des cris de joie. On entend comme le bruit d'une ronde. Durosier lève la tête. Maïtsé se tourne vers la porte d'un air interrogateur.)

DUROSIER

Quelles sont ces chansons joyeuses ?

(La porte s'ouvre et une douzaine de jeunes garçons et filles apparaissent gaîment. L'un des jeunes hommes tient un bouquet ; une jeune fille porte un gâteau)

TOUT LE MONDE

Bonjour, Maïtsé ! Bonjour, Maïtsé ! Bonne fête, Maïtsé ! — *(Maïtsé se lève. La folle bande s'incline devant Durosier qui fait un geste amical).*

DUROSIER *(à part)*

Comme les tristesses de la guerre influent peu sur ces âmes jeunes. *(Il regarde à nouveau sa carte tout en paraissant s'intéresser à la scène)*

CHAREHO *(présentant le bouquet)*

Nous t'offrons ces fleurs, Maïtsé.

VANIEA *(présentant le gâteau)*

Bonne Maïtsé, accepte ce gâteau.

MAITSÉ

Mais pourquoi, mes enfants, toute cette gaîté et toutes ces belles choses ?

TOUS ENSEMBLE

C'est ta fête, Maïtsé, c'est ta fête ! Bonheur à Maïtsé !

MAITSÉ *(prenant ce qu'on lui donne)*

Oh ! merci ! *(Elle embrasse les deux jeunes gens)*

CHAREHO

Et maintenant, nous partons. *(Tous s'éloignent en criant :)* Vive Maïtsé ! Vive Maïtsé ! *(Maïtsé fait des signes amicaux).*

DUROSIER *(se levant)*

Eh bien, Maïtsé, vous êtes heureuse ! Comme ils vous aiment, tous ces jeunes gens-là !

MAITSÉ *(déposant sur un buffet le gâteau et le bouquet)*

Ah ! monsieur Durosier, je les aime bien aussi. Ils n'oublient jamais, chaque année, de me souhaiter ma fête. *(Elle revient et reprend sa place au foyer. Durosier se lève et marche de long en large)*

SCÈNE III

DUROSIER, MAITSÉ, LATRINGLOTTE

LATRINGLOTTE *(entrant)*

Bonjour aux dames... Bonjour Durosier !

DUROSIER

Bonjour, mon ami.
(Maïtsé s'incline)

LATRINGLOTTE *(montrant un flacon)*

Tiens, Durosier, tu vois cette bouteille.

DUROSIER

Mais oui.

LATRINGLOTTE

C'est le plus beau jour de ma vie !... Elle contient un bouillon de culture qui m'a tout l'air de vouloir se comporter dans la perfection... Ils n'ont assurément pas mieux au laboratoire de l'Institut. Que dis-je ! ils n'en ont pas autant. *(Agitant le récipient)* Depuis ce matin, j'ai enfin la conviction, à peu près absolue, d'avoir découvert le microbe du béri-béri. *(Se frappant le front de l'index, après avoir déposé le vase sur la table)* Pour m'en assurer tout à fait, il serait nécessaire que j'eusse un corps japonais à ma disposition. Ce ne sont pas les cadavres qui manquent par ici, malheureusement.

DUROSIER

Qu'au moins la science en profite !

LATRINGLOTTE

Je suis de ton avis... et il faut que Martial me cherche un
succulente. (Il va vers la porte et crie dans les coulisses.) Martial !
Martial ! (à l'ivrogne) Pourvu que le pendard n'ait pas filé du
côté d'un village, dans l'utopique intention de se procurer
quelques cartes postales. Il en serait, ma foi, bien capable.
(Martial entre à ce moment.)

SCÈNE IV

LES MÊMES, PLUS MARTIAL ET SOLANGE

LATRINGLOTTE

Par le diable, tu es donc toujours parti !

MARTIAL

J'étais allé aux provisions, à la plus proche cantine russe,
avec Mlle Solange que voici.
(Solange entre, se précipite vers son père qu'elle embrasse et se tourne
vers Latringlotte.)

SOLANGE

Il fait bien froid, dehors ! (Elle prend le panier des mains de
Martial et le donne à Maïtsé.) Tiens, Maïtsé, voici pour la cuisine !
(Maïtsé s'incline, prend le panier et se dirige près de l'âtre.)

DUROSIER (à sa fille)

Annonce-t-on du nouveau à la cantine ? L'incertitude qui
plane sur les armées belligérantes se dissipe-t-elle quelque peu ?

SOLANGE (se rapprochant)

Du nouveau, non. Toujours de simples combats d'avant-
poste, des reconnaissances insignifiantes. (à Latringlotte) Vous
êtes donc aussi allé aux provisions, docteur... C'est une bouteille de vin que vous tenez si précieusement à la main ?

DUROSIER

Non, c'est le beri-beri.

LATRINGLOTTE (montrant le flacon)

Je l'ai !
(Martial fait un bond !)

SOLANGE

Vraiment... le beri-beri ?

MARTIAL

Le beri-beri ! Hélas, mon Dieu, ça se gagne-t-il ? Eh
bien, alors, nous sommes frits.

LATRINGLOTTE (haussant les épaules)

Martial, tu es un gourde, et gourde tu mourras.

MARTIAL

Merci bien, Monsieur, vous avez le compliment facile.

DUROSIER

Mon pauvre Martial, te voilà bien arrangé... Mais ce n'est
pas de cette maladie que parle le docteur, c'est seulement
de son microbe.

MARTIAL

Ah ! Monsieur m'ôte un fameux poids de dessus le
cœur.

LATRINGLOTTE

Toi, tu vas contribuer à m'ôter du cerveau une angois-
sante perplexité.

MARTIAL (très flatté)

Je serai très honoré de pouvoir rendre service à Monsieur.

LATRINGLOTTE

Pour acquérir l'assurance absolue que je tiens en ma
possession ces bactéries magnifiques, que je pense avoir
découvertes en cette humble cuisine mandchoue...

SOLANGE (riant)

Des bactéries de cuisine, alors !...

LATRINGLOTTE (continuant)

... Une expérience décisive est indispensable. J'ai besoin,
pour la pratiquer, d'un Japonais ayant succombé à l'épidé-
mie... Or c'est à toi, Martial, que je confie, au nom de la
science, l'insigne honneur de m'en aller chercher un dans
un des hôpitaux voisins.

MARTIAL (décrivant les signes d'un désespoir frénétique et levant les bras
au ciel.)

Ah ! Monsieur, demandez-moi plutôt ma peau.

LATRINGLOTTE

Je te dis qu'il me faut un cadavre !

MARTIAL

Monsieur veut donc ma mort ? Monsieur me tient la
tringle haute !

LATRINGLOTTE

Non, et je ne veux qu'un mort (mais si tu désires m'en
apporter deux, ne te gêne pas.

MARTIAL (véritablement affolé)

Alors, c'est l'abomination de la désolation... Je l'attrap-
perai sûrement en route.

LATRINGLOTTE

Qui ? Le défunt ?

MARTIAL

Mais non ! le bouri-bourique ! (Il sort en se lamentant.)

LATRINGLOTTE (à Durosier et à Solange)

Il est incroyable, ce Martial ! Nous qui le supposions
devenu brave depuis Liao-Yang, où ce mouton enragé se
démenait et se battait avec tant de frénésie.

SOLANGE

Chassez le naturel, il revient au galop !...

DUROSIER

Le revoilà froussard.

LATRINGLOTTE

Il a certainement le microbe de la poudre d'escampette.
(On entend sonner assez loin, et faiblement, une cloche.)

MAÏTSÉ (se levant)

L'heure de la prière !...

TOUS ENSEMBLE

A tout à l'heure, Maïtsé ! (Maïtsé sort.)

DUROSIER

Elle se dirige vers la pagode... Ils ne doivent plus être
nombreux pour prier...

SCÈNE V

LES MÊMES, SAUF MAÏTSÉ

SOLANGE

Nous avons vu Yvan, hier, il reviendra sans doute aujour-
d'hui !

DUROSIER

Il n'y faillira pas s'il peut quitter les avant-postes, mais cela est difficile.

LATRINGLOTTE (rêvant)

L'amour est si ingénieux.

SOLANGE

Nous nous aimons tant, cher docteur, et sommes si heureux de nous aimer... Malheureusement, toujours séparés, et puis, ce point noir dans notre ciel bleu : l'équivoque Dubourg.

DUROSIER (vivement)

Tiens, c'est vrai, Dubourg! Dubourg dont les absences fréquentes commencent à frapper mon imagination, ce Dubourg que nous avons vu souvent s'en aller à la nuit tombante pour ne revenir qu'au petit jour!

SOLANGE

Cet homme m'effraie!

LATRINGLOTTE

On dirait, ma foi, qu'il trame quelque mauvais coup, et, depuis l'exécution manquée de ce damné Chinois, il n'a plus donné signe de vie!

DUROSIER (se levant)

Où peut-il être passé?

SCÈNE VI

(Martial arrive, tout déguenillé, les vêtements délités, poussiéreux et les cheveux en broussaille; il tient, entre ses deux bras, terriblement effaré, une forme rigide)

MARTIAL

Ah! Messieurs, Mademoiselle! quelle épouvantable aventure! Mes cheveux se dressent encore sur ma tête... Ah! Monsieur... (Tout le monde le regarde. Martial dépose son paquet qui tient. Avec volubilité) Ah! terreur! c'est le cadavre japonais, et je me demande comment nous ne sommes pas arrivés ici en mille morceaux, lui et moi... Figurez-vous qu'à deux verstes de l'isba, j'avais aperçu, aux flancs d'un ravin, un corps étendu... Il faisait déjà nuit; je regarde et je reconnais, à n'en pas douter, les restes mortels d'un Nippon. Avec mille précautions, rampant pour ne pas être vu, je me glisse jusqu'à lui. Pour éviter la contagion, je le couvre de mon manteau, je l'empoigne, je me relève et je m'enfuis. (Brusquement) Je n'étais pas au bout de mes peines. (Rapide) En descendant, je perds pied et je roule, je roule à travers les broussailles, à travers les aspérités, à travers les fondrières, jusqu'au bas du talus. (Avec emphase) Connaissant mes devoirs envers vous, monsieur Latringlotte, je ne lâchai pas mon cadavre. (Le montrant d'un geste noble) Il est à vous!

LATRINGLOTTE (se penchant)

Il a bien la rigidité cadavérique. (Il regarde de plus près, soulève un des pans du manteau et recule soudain. D'un ton farouche) Imbécile! C'est un poteau! (Martial se précipite, pendant que les autres éclatent de rire.)

MARTIAL (atterré)

Je suis déshonoré.

DUROSIER

Il a pris le Pirée pour un homme!

SOLANGE (riant)

Excusons-le, d'autres à sa place auraient pu également se tromper.

SCÈNE VII

LES MÊMES, PLUS MAÏTSÉ ET DES SOLDATS

(MAÏTSÉ entre, précédant deux soldats dont l'un porte un pli)

Entrez soldats, voici ceux que vous cherchez. (Les deux soldats entrent, saluent militairement et remettent le pli à Durosier qui s'est avancé)

UN SOLDAT

De la part du capitaine Yvan!

SOLANGE

Lis bien vite, père. (Tous se groupent autour de Durosier.)

DUROSIER (rompant les cachets de l'enveloppe)

Comme tu es impatiente, ma chère enfant : « Ma bien-aimée Solange, mes chers amis, le général en chef m'envoie avec une mission secrète, autant que sacrée, jusqu'à Port-Arthur. Je dois entrer dans la place, coûte que coûte. Le devoir m'empêche d'aller vous embrasser avant mon départ. Au revoir. À vous tous mes plus chères pensées. Yvan »

SOLANGE (attendrie)

Que Dieu le protège!

(Rideau)

SEPTIÈME TABLEAU
Les Redoutes de Port-Arthur

La scène se passe à Port-Arthur. Les ruines d'une redoute. Rochers. Dans un angle, un officier nippon, Dubourg et trois soldats japonais conversent silencieusement

SCÈNE PREMIÈRE

L'OFFICIER, LES SOLDATS, DUBOURG

DUBOURG (marchant vers l'officier)
(après avoir affirmé un coup d'œil circulaire au fond de la scène)

Plus une minute à perdre! Un fort détachement russe s'avance, et nous ne pourrions tenir ici plus longtemps... Hâtons-nous de conclure l'affaire.

L'OFFICIER JAPONAIS

Parlez!

DUBOURG (tirant sa montre)

Il est six heures... Dans quelques instants, un officier du Tsar et un de ses camarades, déguisés tous deux en hommes du peuple, doivent sortir de Port-Arthur avec un message de Stoessel pour Kouropatkine... Une jonque les attend, là, tout près, dans une anse... Ils passeront certainement par ici pour s'y rendre.

L'OFFICIER JAPONAIS

Bien!

DUBOURG

Dissimulez là-bas, dans le ravin, vos trois tireurs d'élite... Moi, je resterai là, caché dans une anfractuosité du roc. Dès qu'apparaîtront les deux officiers, je ferai un signal, vos hommes seront à bonne portée, le reste se devine... je prendrai le pli dont nous avons besoin, et vous n'aurez plus à vous inquiéter de moi.

L'OFFICIER

Bien!

CONFÉRENCES

DUBOURG

C'est entendu! Et maintenant, un dernier mot... À Liao-Yang, à And-Chand-Jan, à Yafanghou et sous Moukden, j'ai procuré à l'état-major japonais des renseignements précieux... Depuis cinq jours que je suis à Port-Arthur, poursuivant en même temps une belle vengeance et de beaux bénéfices, je lui ai continué mon service d'informations... Vous savez ce qui a été convenu?

L'OFFICIER JAPONAIS

Je le sais. Vous n'aurez, tout à l'heure, qu'à passer au quartier général du commandant Nogi. Un fonctionnaire des intendances, qui en a reçu l'ordre, vous remettra un chèque de vingt mille yens payable à vue à la banque d'Angleterre.

DUBOURG

Tout va bien!... (Il accepte la scène en se frottant les mains avec satisfaction)

L'OFFICIER JAPONAIS (à ses hommes)

Qu'on se replie!

SCÈNE II

DUBOURG (seul)

Excellente opération! supprimer un ennemi et gagner vingt mille yens, voilà qui constitue deux jolis profits, celui du cœur et celui de la bourse... Cet argent que doit me rapporter la mort du fiancé, je le donnerais volontiers pour la possession de la fiancée... Mais bah! Ne l'aurai-je pas, à la fin, sans débourser mon portefeuille... Allons! les affaires s'arrangent et si, cette fois, je ne le tiens pas, c'est que la fatalité s'acharnera véritablement après moi. Je crois que tu as bien besogné aujourd'hui, mon ami Dubourg; tu satisfais ta haine et tu arrondis ta fortune... Yvan va venir ici. J'aurai sa vie et son message. J'aurai Solange. (Dubourg regarde autour de lui et se retire vivement.) Il était temps; les Russes! Qu'ils ne me voient pas... Cachons-nous derrière ce rocher. (Il se cache. Un petit détachement de soldats russes arrive et traverse la scène. On voit apparaître le général Stoessel et un officier sur la crête d'une éminence. Il inspecte les positions avec une jumelle. Dubourg risquant la tête.) Le général Stoessel, le brave des braves! (Tirant un revolver de sa poche et visant.) Ah! si je tenais ainsi Loubanoff! (Au bout de quelques secondes, Stoessel et l'officier disparaissent. Dubourg, sortant de sa cachette.) C'est étrange!... il se fait tard, le courrier ne doit pas être loin!

(La nuit se fait lentement. DUBOURG continuant)

Tout est propice!... La nuit... Les circonstances me sont favorables. (Il regarde autour de lui. On entend quelques «garde à vous!» dans le lointain, puis un bruit de pas. Dubourg se jette de nouveau derrière le rocher.) Les voici! Ce sont eux.

(Yvan et le lieutenant Berkoff arrivent à pas lents. Ils sont suivis de deux matelots russes. Tous quatre sont en tenue populaire russe.)

SCÈNE III

YVAN, BERKOFF, LES MATELOTS

BERKOFF (à Yvan)

Êtes-vous bien sûr, capitaine, que ces deux hommes connaissent tous les passages dangereux?

YVAN

Je les ai choisis à bon escient... Ils ont déjà forcé dix fois le blocus, pour aider au ravitaillement de la place. Je réponds d'eux, ce sont d'excellents matelots...

BERKOFF

C'est heureux, car les moments sont graves!

YVAN

Nous sommes ici, je crois, en pleine sécurité. Nos patrouilles ont fait place nette pour l'instant... Je me sens un peu fatigué, et toi Berkoff?

BERKOFF

Nous le sommes tous deux, capitaine: depuis cinq jours, nous n'avons pas dormi.

YVAN (s'adressant aux deux matelots)

Que tout soit prêt! Rendez-vous à la jonque et préparez notre départ. Dans une heure, nous prendrons la mer. (Les matelots saluant et sortant.) Mon cher Berkoff, encore un peu de courage. Nous avons forcé le blocus pour entrer, nous le forcerons bien pour sortir... Notre mission touche à sa minute suprême. En avons-nous vu, depuis quelques jours... Ah! j'emporte dans mes yeux d'inoubliables visions d'épouvante et de carnage! Depuis que les Japonais ont commencé l'attaque de la Montagne-Haute, le 28 novembre, le combat se poursuit sans interruption, et avec un tel acharnement que nos vétérans eux-mêmes frissonnent d'horreur à la vue des scènes terribles qui se déroulent sous leurs yeux. Il me semble à moi qui ai été, comme toi, témoin de ces choses, que rien ne pouvait résister au déluge de mitraille qui battait les flancs de la montagne. Et pourtant, j'ai dans mon âme qu'ils résisteront toujours. Leurs cœurs sont trempés d'acier et, avant de quitter, pour jamais peut-être, cette héroïque forteresse, je tiens à jeter un salut suprême aux sublimes défenseurs de Port-Arthur.

(Berkoff et Yvan se découvrent respectueusement.)

BERKOFF

Vive la Russie!

YVAN

Vive la Russie!... Et maintenant, partons!

(Ils se dirigent tous deux vers le fond de la scène, à gauche. À cet instant, Dubourg sort de sa cachette, à droite. Il agite brusquement un lambeau d'étoffe blanche. Simultanément, plusieurs coups de feu retentissent. Berkoff et Yvan tombent.)

YVAN

Ah!

DUBOURG (se précipite, revolver au poing. Ricanant.)

Elle a enfin sonné, ta dernière heure! Tu ne reverras plus Solange Durozier... Ils sont morts tous deux, ne perdons pas de temps... Les papiers! (Il va pour fouiller Yvan, mais il se relève soudain et explore furtivement l'horizon avec inquiétude. Revenant vers le capitaine.) Le message, il me le faut! (Il fouille Yvan avec fébrilité et retire d'une poche quelques papiers.) Je le tiens! (Il se relève et regarde de nouveau autour de lui, puis ramène le revolver braqué sur Yvan, comme s'il voulait lui donner le coup de grâce. Il semble en proie à une profonde hésitation. Soudain un jet de lumière, partant d'un des projecteurs du fort invisible, illumine la partie de la scène où se trouvent Dubourg et Yvan. Dubourg fait un geste effrayé, relève son arme, puis s'enfuit. Il part rapidement. La scène reste une seconde vide. On entend un râle.

YVAN (se dressant sur un coude, d'une voix étranglée) À moi ! À moi !... Berkoff. (Il se traîne péniblement vers son compagnon et l'examine un instant.) Il est mort !... Mon pauvre camarade !... Il est mort !... Ah ! l'assassin.... Je l'ai reconnu. (Il se tue) Il m'a tout volé, le misérable.... Mon message ! mon honneur !... Dubourg, l'assassin. Dubourg, Dubourg ! (il retombe épuisé.)

(Les deux matelots russes arrivent précipitamment.)

PREMIER MATELOT

Nous sommes arrivés trop tard !

YVAN (se dressant de nouveau)

Non, il n'est pas trop tard... Emportez-moi... À la jonque... Il faut que j'arrive à tout prix ! J'arriverai !

(Rideau)

HUITIÈME TABLEAU

Le Camp de Kouropatkine

L'action se passe à Moukden. On aperçoit, d'un des côtés de la scène, la façade d'une chaumière où Kouropatkine a installé son quartier général. Au dernier plan la perspective de Moukden, palais et pagodes. Une sentinelle se tient immobile à la porte. Des bancs grossiers sont dressés aux abords de l'habitation. Au lever du rideau, des aides de camp, des estafettes, vont et viennent rapidement entrant dans la maison ou en sortant, très affairés.

(Latringlotte, Durosier et Solange entrent par le côté droit.)

SCÈNE I

LATRINGLOTTE, DUROSIER, SOLANGE, UN AIDE DE CAMP

DUROSIER (s'adressant à un aide de camp qui passe et lui désignant la cabane.)

C'est bien là, mon officier, le quartier-général du commandant en chef ?

L'AIDE DE CAMP

C'est bien là, monsieur... Vous avez un laissez-passer ?

DUROSIER (exhibant une carte)

Voici !

L'OFFICIER (regardant, puis s'inclinant respectueusement devant les trois personnages, après avoir rendu la carte à Durosier)

Ah ! je sais, le général Kouropatkine a une communication à vous faire... Permettez que j'aille le prévenir de votre arrivée. (Il rentre dans l'immeuble.)

DUROSIER

Attendons.

(Tous trois prennent place sur les bancs indiqués plus haut.)

SOLANGE

Je me demande avec une anxiété profonde pourquoi le généralissime nous a fait appeler. Nous avons déjà tant souffert que je redoute toujours un nouveau malheur.

DUROSIER

Oui, nous avons déjà bien souffert !

LATRINGLOTTE

Bah ! A quoi bon se mettre martel en tête avant de savoir... Quelque chose me dit, à moi, que la journée sera bonne.

SOLANGE (soupirant)

Dieu le veuille, mon bon Latringlotte !... mais j'ai tant peur que mon Yvan n'ait péri dans cette fournaise, là-bas à Port-Arthur. Songez qu'il nous a quittés il y a plus de deux mois, et, depuis lors, pas de nouvelles.

DUROSIER (souriant tristement)

Mais, ma chère enfant, sache qu'il n'y a rien là que de très normal. De Moukden, où nous sommes, à la place assiégée, il se déroule des centaines de kilomètres.

LATRINGLOTTE (avec un geste de commisération)

Et puis, au cas où ce brave Yvan aurait voulu nous écrire, n'oublions pas que le service postal en Mandchourie se fait quelque peu irrégulièrement depuis l'ouverture des hostilités.

SOLANGE

Vous cherchez à me rassurer, mais votre tranquillité n'est que feinte, je le sens... Oh ! le cœur me fait mal comme s'il était broché d'aiguilles.

SCÈNE II

LES MÊMES, PUIS DUBOURG

L'AIDE DE CAMP (sortant de la maison)

Quelqu'un me suit, mademoiselle et messieurs, qui vous expliquera le motif de votre convocation.

(Il s'éloigne en saluant avec une gravité triste. Dubourg apparaît dans l'encadrement de la porte et s'avance.)

DUBOURG

Mes amis. (s'inclinant devant Solange) Mademoiselle... Qu'il m'est doux de vous revoir !

LATRINGLOTTE

Vous ici !...

SOLANGE (en aparté)

J'ai de mauvais pressentiments.

DUROSIER (à Dubourg)

Nous sommes heureux aussi, de notre côté, de cette rencontre, monsieur Dubourg ; mais, vraiment, permettez-moi de vous traduire notre impression à tous en vous avouant que notre bonheur se trouve dépassé par notre surprise...

DUBOURG

Je le conçois !

DUROSIER (continuant)

Le généralissime nous convoque, on nous annonce qu'il a quelque chose de pressant à nous communiquer, un aide de camp nous laisse entendre que l'explication doit venir de vous... En vérité, cet imbroglio m'effare et je vous supplie d'éclaircir le mystère.

DUBOURG

Il est parfois des missions délicates, difficiles, et qui, pour un cœur sensible...

LATRINGLOTTE

Je vous en prie, faites-nous grâce des préambules !

DUBOURG (mielleux)

Les précautions oratoires sont souvent nécessaires, monsieur Latringlotte, et jamais elles ne le furent plus qu'à cette minute.

SOLANGE

Mais, Monsieur, parlez donc ! Ne voyez-vous pas que vous me faites mourir !

DUBOURG (se tournant vers elle)

Je ne le voudrais nullement, Mademoiselle... Et puisque l'on ne veut pas de préambules, apprenez tout de go que j'arrive de Port-Arthur.

SOLANGE (portant la main à son cœur)

Ah !

DUROSIER

De Port-Arthur !

DUBOURG

Mais oui ! Et cela n'a rien qui puisse vous surprendre... Vous connaissez assez, n'est-ce pas, mon caractère aventureux. Donc, j'en arrive, ce matin même. Ma première visite ici, à Moukden, a été — vous allez savoir pourquoi tout à l'heure — au général Kouropatkine... J'avais à m'acquitter, envers lui, d'une grave mission, d'une mission qui vous concerne un peu vous-mêmes, et c'est à ma prière que le commandant vous a mandés.

SOLANGE

Au nom du ciel, ne me torturez pas davantage !... Il s'agit d'Yvan, n'est-ce pas !... Je serai courageuse.

DUBOURG (grave)

Oui.

DUROSIER ET LATRINGLOTTE (ensemble)

Eh bien !

DUBOURG

Hélas !

DUROSIER

Parlez, de grâce !

DUBOURG

Il est mort !

SOLANGE

Ah ! mon pauvre amour !... Yvan ! Yvan ! (Elle déchire fébrilement son mouchoir de ses doigts crispés et se tord les mains.)

DUROSIER (prenant sa fille sur son cœur)

Ma petite Solange ! Ma petite enfant ! Je t'en conjure !... (Latringlotte, marche de long en large, sombre, avec des gestes saccadés.)

DUBOURG (hypocritement compatissant, à Solange)

Oh ! Si j'avais prévu ce désespoir, jamais, croyez-le, je ne me serais permis d'avoir ainsi...

SOLANGE (s'arrachant des bras de son père)

J'ai promis d'être courageuse, je le serai !... Mais je veux tout savoir.

DUBOURG

Tout ? Non, mademoiselle, mieux vaut me taire, (cauteleux) car il y a des choses pires que le trépas pour un soldat !

DUROSIER

Que voulez-vous dire ?

DUBOURG

Oh ! rien !

SOLANGE

Yvan Loubanoff est mort, soit ; mais vous n'avez pas le droit de jeter sur sa tombe le poids d'un sous-entendu... Vous vous expliquerez !

DUBOURG (brutalement)

Alors, c'est vous qui l'aurez voulu. Du reste, vous auriez fini par le savoir, peut-être... Il y a deux mois, je me mis en route vers Port-Arthur. L'attrait de l'inconnu et le désir secret de rendre service au capitaine Yvan — qui m'était cher parce que vous l'aimiez, Mademoiselle — m'y attiraient à la façon d'un aimant irrésistible. Au péril de ma vie, je parvins à franchir le cercle du blocus. L'officier Loubanoff se trouvait déjà dans la forteresse. Discrètement alors, incognito, si j'ose dire, j'exerçai sur sa personne une protection occulte de tous les instants... Après qu'il eut rempli la mission que le généralissime lui avait confiée pour Stœssel, il reçut, de ce dernier, un message pour Kouropatkine. Il se prépara dès lors à quitter la place... Voulant jusqu'au bout — par tendresse pour vous, Mademoiselle — veiller sur celui que vous chérissiez, je pris mes mesures pour le suivre. Il était six heures du soir lorsqu'il prit congé du commandant de la ville assiégée. Avec deux matelots russes, il se dirigea, soi-disant, vers une jonque, pour embarquer. Mais alors, au lieu de s'acquitter de sa mission sacrée, au lieu de partir où l'appelait le plus saint des devoirs... Ah ! tenez, je n'en veux point raconter davantage ! Non, je ne le veux, ni ne le puis.

SOLANGE (farouche)

Vous en avez trop dit maintenant pour vous taire !

DUBOURG (avec une douceur excessive)

Non !... Il est sage, quelquefois, de ne pas soulever le suaire des morts !

DUROSIER (violemment)

Vous parlerez !

(Au même moment, un homme enveloppé d'un grand manteau apparaît dans le fond. Il fait un mouvement, mais n'avance pas. Aucun des interlocuteurs ne le remarque.)

DUBOURG

Eh bien, soit ! J'irai jusqu'au bout !... Le capitaine Loubanoff, au lieu de voler où l'appelait le plus saint des devoirs, le patriotisme, s'en fut — contre une grosse somme d'argent sans doute, — remettre à un officier japonais qui l'attendait, le pli dont il était porteur... Par malheur pour lui, de loin, les deux matelots avaient suivi des yeux son monstrueux manège... Une stupeur indignée bouleversa leur âme de braves gens, et quand l'officier infâme revint à la jonque, ils le tuèrent comme un chien.

SOLANGE (s'élançant vers Dubourg, en plein visage)

Vous mentez ! Vous mentez ! Vous mentez !... J'ai foi dans l'honneur d'Yvan comme en Dieu !... Il n'y avait pas de place en son âme pour la lâcheté... Vous mentez !

DUROSIER

De pareilles insinuations sont une infamie !

LATRINGLOTTE

Cela est impossible... Ah ! que le mort ne peut-il sortir de sa tombe pour vous convaincre de votre ignominie... Capitaine Yvan, que ne puissiez-vous revenir !

(L'inconnu, drapé dans son manteau, s'avance brusquement. Il a la tête entourée de bandages. C'est Yvan.)

SCÈNE III

LES MÊMES, PLUS YVAN

YVAN

Le capitaine Yvan est revenu... Me voici ! *(Se tournant vers Dubourg)* Misérable !

DUBOURG *(reculant)*

Yvan !... Malédiction !

SOLANGE *(tombant évanouie entre les bras de Latringlotte qui s'est avancé pour la soutenir)*

Merci, mon Dieu !

DUROSIER *(se tournant vers Yvan)*

Mon fils !

YVAN

Mon père ! *(Il lui serre les mains avec attendrissement. A Dubourg)* Ah, Ah ! vous ne vous attendiez pas à mon retour ! Le ciel a permis que je revinsse ici vous jeter à la face ces deux mots : Menteur et assassin !... Désormais, je saurai vous empêcher, bête féroce, de nuire davantage.

SOLANGE *(qui a repris ses sens, allant à son fiancé)*

Mon ami !

DUBOURG *(à part)*

Il faut payer d'audace ; je ne suis pas encore vaincu.

YVAN *(attirant sa fiancée sur son cœur)*

Cette seule minute de joie compense toutes mes tortures ! Vous avez cru en moi, soyez-en bénie !

LATRINGLOTTE

Nous n'avons jamais cessé d'y croire !

YVAN

Mon cœur vous crie merci à tous. Depuis un instant, j'étais là, et, en même temps que les fangeuses paroles de cet homme, j'ai pu entendre vos témoignages de confiance fidèle.

SOLANGE

Mais ce bandit a tenu, au généralissime, sur votre compte, les affreux propos que vous connaissez maintenant. Il a cherché à vous perdre dans son esprit. Il faudrait...

YVAN

Le général lit, actuellement, un rapport de mon voyage à Port-Arthur. Ce rapport que je lui ai fait passer, il y a vingt minutes à peine par une estafette, contient de clairs renseignements sur les odieuses menées de cet homme. Il ne saurait échapper à son châtiment ; son âme de boue se trouve enfin démasquée !

DUBOURG *(renforçant d'être ironique)*

Vous avez le vertige !

YVAN

On pourrait le gagner, le vertige, en se penchant sur l'insondable abîme de corruption que vous êtes !

DUBOURG

Des phrases !

YVAN

Des phrases ! Je vais vous en faire, *(Se tournant vers les autres personnages et, de la main droite, désignant Dubourg)* Écoutez... J'accuse cet homme d'avoir, à Liao-Yang, tenté de faire sauter un détachement, au moyen d'une mine. Je l'accuse d'avoir, quinze jours après, soudoyé des Kounghouses pour massacrer une ambulance. Je l'accuse, enfin, d'avoir, à Port-Arthur, volé le message dont j'étais porteur, alors que, pantelant, je gisais étourdi par une balle qui m'avait contourné le crâne. *(Se tournant tout à fait en face de Dubourg)* Tu me croyais mort, monstre à face humaine, mais, sous la menace muette de ton revolver braqué, je vivais, j'étais lucide, et mes yeux que tu croyais fermés pour toujours, reconnurent aux lueurs des projections d'un fort, ton visage semblant à la fois l'épouvante et le crime. Ah ! comme tu dois regretter maintenant de ne pas avoir pu me donner le coup de grâce !

DUBOURG

Vous êtes fou, vous dis-je !

YVAN

Couché à tes pieds, je te voyais, mais j'eus la force de ne faire aucun mouvement. Je songeais au pli que tu venais de me ravir, je songeais à mon devoir. Elle sonne enfin l'heure de ton expiation !

DUBOURG

Des preuves... mais donnez-moi donc des preuves !

(Plusieurs officiers se sont approchés, notamment un officier d'ordonnance accompagné d'un homme vêtu d'un carrick et d'un chapeau mou.)

YVAN

Des preuves ! En voici ! *(Il montre la porte où vient d'apparaître le soldat russe qui a tiré le coup de feu loin de la pendaison de Dubourg.)*

L'OFFICIER D'ORDONNANCE

Vous portez-là de graves accusations, capitaine.

YVAN

Je saurai les préciser. Ce soldat était de ma compagnie. C'est lui qui fut chargé d'exécuter *(marquant, à Dubourg)* ce Chinois qui lui brûla la politesse. *(Au soldat)* Le reconnais-tu ?

LE SOLDAT

Je le reconnais, capitaine ; c'est bien l'homme que nous devions pendre !

DUBOURG

Mensonges que tout cela !

YVAN

Des preuves ! Je vais t'en donner encore, regarde ! *(Il montre les deux matelots de Port-Arthur. Dubourg fait un signe désespéré.)* Ces deux matelots étaient à Port-Arthur. Ce sont eux qui m'ont emporté, après le lâche attentat où le lieutenant Berkoff, mon camarade, a succombé. *(Aux deux matelots)* Reconnaissez-vous ce lâche ?

L'UN DES MATELOTS

Oui, capitaine, nous l'avons vu de loin au moment où il faisait des signaux ; nous l'avons vu fouillant votre uniforme et s'enfuir avec les Japonais.

DUBOURG

Mais, vous mentez tous! C'est une machination, et je ne sais pourquoi je reste ici! (Il fait un mouvement pour s'enfuir.)

LATRINGLOTTE (qui l'a deviné, le retenant)

Halte-là! Tous les comptes ne sont pas encore réglés.

SOLANGE

Quel gouffre de corruption que cette créature!

DUROSIER

Et dire que nous l'avons coudoyé, pendant des années, à Paris.

L'OFFICIER D'ORDONNANCE (à Dubourg)

Qu'avez-vous à répondre? Défendez-vous donc!

DUBOURG (avec hauteur)

Mé défendre!... Je suis au-dessus de ces attaques!

L'OFFICIER (dogmatique)

Parlez, il y va de votre intérêt!

DUBOURG (brûlant ses vaisseaux)

Et puis, après tout, quand cela serait, je suis citoyen français et ne relève que de la justice de mon pays?

L'HOMME AU CARRICK (s'avançant)

Je la représente ici, la justice dont vous vous réclamez. Au nom de la loi, Dubourg, je vous arrête.

DUBOURG (tressaillant)

Vous m'arrêtez!... Qui êtes-vous?... De quel droit!

L'HOMME AU CARRICK

Je suis Auguste Rossignol, inspecteur de la sûreté, section des recherches internationales, à la police de Paris, et voici un mandat d'arrêt dont vous êtes l'objet...

DUBOURG (tragiquement)

C'est l'écroulement final. Je suis perdu!

YVAN

Eh bien, Dubourg, vous ne répondez plus rien?

DUBOURG

(A part) Je ne réponds rien. Attends... (tirant un revolver) si... (Il braque son revolver sur Yvan. A ce moment Martial arrive. Il voit le geste de Dubourg; prompt comme l'éclair, il lui saisit le bras, fait dévier l'arme. Le coup part en l'air.)

MARTIAL (indigné, comme s'il voulait le frapper)

Coquin... tu voulais commettre un crime de plus...

L'OFFICIER D'ORDONNANCE

Le bandit vient de se condamner lui-même... Qu'on s'en empare.

DUBOURG

Je n'ai pas réussi, mais vous ne m'aurez pas vivant... (Il se brûle la cervelle et tombe. Tous se précipitent.)

AUGUSTE ROSSIGNOL (regardant le cadavre)

Ma mission se termine d'elle-même. (Se tournant vers ceux qui l'entourent.) Cet homme était un vil espion, depuis dix ans, à Paris, il trahissait la France, au profit de puissances étrangères... je le filais depuis huit mois...

DUROSIER

Voilà donc d'où provenait cette louche fortune qui nous intriguait tous... Penser que j'aurais pu lui donner ma fille. (Solange se jette dans les bras de Durosier.)

(Au même instant arrive une estafette qui remet un pli à l'officier d'ordonnance.)

L'ESTAFETTE

Rapport du général en chef, qui vient de recevoir le dernier courrier de Pétersbourg.

L'OFFICIER D'ORDONNANCE

Le dernier courrier!... (Il parcourt le papier et fait un mouvement de profonde douleur.) Inclinons-nous... Le long martyre de Port-Arthur est terminé. L'héroïque forteresse vient d'effectuer sa reddition.

(Tout le monde se découvre.)

YVAN

Tout a une fin! Le courage a dû céder devant le nombre. Port-Arthur a tenu sept mois! Il n'était plus qu'un morceau de ruines; ni munitions, ni vivres, ni médicaments pour les blessés qui râlaient sur la neige rouge. Mais sa reddition était prévue et la victoire reviendra, certainement, avec le printemps, sous les ailes de l'Aigle Double...

LATRINGLOTTE (vers Yvan)

La grande âme russe n'est pas morte... Votre pays, Yvan, aura encore ses jours de gloire, et votre amour ses jours de bonheur! (L'officier d'ordonnance, les soldats et le policier se tiennent à l'écart.)

DUROSIER

Et toi, Latringlotte! N'as-tu pas au cœur certain espoir, pour ton retour en France?

LATRINGLOTTE

O psychologue! Tu avais remarqué mes tendres sentiments pour Mme Bourdin, qui nous attend là-bas... Chère Marthe! Elle seule pouvait me faire rompre mon célibat!

MARTIAL

Je romprai le mien aussi, avec Etiennette... Je veux l'épouser.

LATRINGLOTTE

A la condition qu'elle consente! (Se tournant vers le corps de Dubourg.) Le seul service qu'aurait pu me rendre ce malheureux, c'eût été d'être mort du béri-béri... J'aurais pu continuer mes expériences sur sa honteuse carcasse!

SOLANGE (dans les bras d'Yvan, désignant le cadavre avec un geste de compassion)

Cet homme était pourtant un compatriote!

YVAN

Les espions, les assassins et les traîtres n'ont pas de patrie!

(Rideau.)

CHEMISERIE PARISIENNE

BOUVIER-COLLET

17 & 22, Rue Dumas — LE MANS

CHEMISERIE pour HOMMES	LINGERIE pour DAMES

Chemises Confectionnées & sur Mesure — **Lingerie Confectionnée & sur Mesure**

Chemises zéphir 6.50, 5., 3.45	Chemises dentelle, depuis 4.75
Chemises cretonne blanche . 7., 6., 5., 4. »	Pantalons assortis, depuis 4.75
Chemises habillé plis 10., 9., 6.75	Cache-Corset garni dentelle, depuis . . 3.95
Chemises réclame, devant souple, appret	Jupons, Costume, depuis 6.75
soie écru et blanche . . . . 6 »	Chemisettes sur Mesure, toutes les Nouveautés.

COLS, CRAVATES, GANTS, etc. — TROUSSEAUX, LAYETTTES

AUX ARMES DU MANS

Chaussures en tous Genres

Pour HOMMES, DAMES & ENFANTS

MAGASINS de DÉTAIL : 9 & 11, Rue Bourgeoise, Carrefour de la Sirène

FABRIQUE :

RAYON SPÉCIAL à 8 fr. 50 pour Dames. et 9 fr. 50 pour Hommes.

Spécialité de Cousu-Main — Détail au Prix de Gros

TOUS LES ARTICLES SONT MARQUÉS EN CHIFFRES CONNUS

Parasolerie VOISIN

LE MANS

La plus importante de la Région faisant paraître, chaque Saison, un Catalogue illustré des dernières Nouveautés.

Le Mans — Imp. E. Blanchet, 4, rue Gambetta — 1913.